독학 **일본어**
필수 문법

독학 일본어 필수 문법

지은이 김수경
펴낸이 임상진
펴낸곳 (주)넥서스

초판 1쇄 인쇄 2024년 1월 20일
초판 1쇄 발행 2024년 1월 25일

출판신고 1992년 4월 3일 제311-2002-2호
주소 10880 경기도 파주시 지목로 5
전화 (02)330-5500 팩스 (02)330-5555

ISBN 979-11-6683-779-1 13730

www.nexusbook.com

기초부터 JLPT 대비까지 딱 한 권에!

독학 일본어 필수 문법

김수경 지음

넥서스 JAPANESE

머리말

**'혼자서도 한 달 안에
기초부터 시험 대비까지 마칠 수 있는 문법책을 만들자.'**

이러한 생각으로 이 책을 기획하고 집필하였습니다. 일본어 공부를 시작한 지 얼마 되지 않은 분, 일본어 학습 경험이 어느 정도 있지만 중도에 포기하신 분, 누구라도 이 책 한 권이면 필수 문법의 A부터 Z까지 꼼꼼하게 학습하실 수 있습니다. 단기간에 일본어 문법을 마스터하고 싶은 분들은 한 달 맞춤 플랜으로 기초 문법은 물론 일본어능력시험JLPT까지 대비할 수 있습니다.

왕기초부터 JLPT N4, N3 문법까지 한 번에!

꼭 필요한 문법들을 순차적으로 꾹꾹 눌러 담았습니다. 먼저 1장에서 아주 기초적인 조사, 부사, 의문사, 접속사를 익힌 후, 2장에서부터는 명사, な형용사, い형용사, 동사 등으로 나누어 본격적인 각 품사별 기초 활용법을 익힙니다. 계속해서 3장에서는 세트로 함께 익히면 좋은 초중급 레벨의 다양한 표현들을 추가로 배웁니다. 그 후 4장에서 2장에서 익힌 동사의 각 활용법을 토대로 중급 레벨의 여러 가지 접속별 문형들을 익힐 수 있습니다. 마지막으로 5장에서는 중고급 레벨의 심화 표현까지 익힙니다.

초급자의 눈높이에 맞춘 3-STEP 학습 구성!

STEP 1은 문법을 완벽히 마스터하기 위한 각 문법의 사용법 및 어휘와 문장의 뉘앙스 설명을 상세하게 실었습니다. 그리고 실제 사용 예를 알 수 있는 풍부한 예문들을 수록하였고, 학습한 것을 마지막으로 머리에 한 번 더 정리할 수 있는 '바로 확인하기' 코너를 구성하였습니다. STEP 2는 앞서 학습한 문법과 활용 방법을 한눈에 정리하기 위한 총정리 활용표를 제시했습니다. STEP 3에서는 학습한 내용을 최종 점검할 수 있도록 일본어능력시험의 문제 유형이 반영된 연습문제 풀기를 수록했습니다.

원어민 MP3와 쉽고 알찬 저자 동영상 강의 제공!

혼자서 책을 보며 공부하다 어려움을 겪는 학습자 분들을 위해, 원어민이 친절히 읽어 주는 예문 MP3와 저자의 설명을 듣고 함께 문제를 풀어 볼 수 있는 무료 동영상 강의를 준비했습니다. 저자와 함께 쉽고 즐거운 문법 공부를 해 봅시다.

'일본어 초급자 여러분들의 문법 학습에 도움이 될 수 있기를 바랍니다.'

이 책이 여러분의 일본어 실력에 날개를 달아 드릴 수 있기를 기대하며.

저자 김수경

이 책의 구성

학습 내용 살펴보기

본 학습에 들어가기 전에
각 과에서 어떤 문법에 대해
익힐 것인지 미리 내용을
살펴볼 수 있습니다.

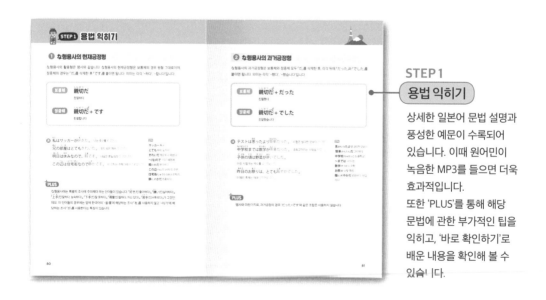

STEP 1

용법 익히기

상세한 일본어 문법 설명과
풍성한 예문이 수록되어
있습니다. 이때 원어민이
녹음한 MP3를 들으면 더욱
효과적입니다.
또한 'PLUS'를 통해 해당
문법에 관한 부가적인 팁을
익히고, '바로 확인하기'로
배운 내용을 확인해 볼 수
있습니다.

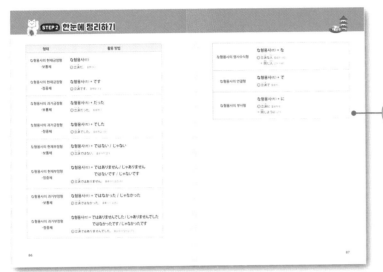

STEP 2

한눈에 정리하기

앞에서 배운 문법의 활용
방법을 다시 한 번 정리하여
복습할 수 있습니다.
활용표를 꼭 익혀 두도록
합시다.

STEP 3

실력 점검하기

활용 방법 총정리까지
마쳤다면, 일본어능력시험의
문제 유형이 반영된
연습문제를 통해 나의 실력을
확인해 보고 시험 대비까지
할 수 있습니다.

MP3 & 동영상 강의 듣는 법

원어민 예문 MP3 듣기

1 넥서스북 홈페이지(www.nexusbook.com)에서
도서명으로 검색한 다음 MP3/부가자료 영역에서
'다운받기'를 클릭하면 무료로 다운로드할 수 있습니다.

2 스마트폰을 통해 책 속의 QR코드를 인식하면
원어민 MP3를 바로 들을 수 있습니다.

MP3

저자 동영상 강의 듣기

1 유튜브 <넥서스 랭귀지> 채널에서 도서명으로 검색하면
저자 동영상 강의를 무료로 볼 수 있습니다.

2 스마트폰을 통해 책 속의 QR코드를 인식하면
<넥서스 랭귀지> 채널에 방문할 수 있습니다.

유튜브

30일 학습 플랜

	월	화	수	목	금	토	일
1주차	1과 ☐ 본책 ☐ 동영상 강의 **공부한 날** 월 일	2과 ☐ 본책 ☐ 동영상 강의 **공부한 날** 월 일	3과 ☐ 본책 ☐ 동영상 강의 **공부한 날** 월 일	4과 ☐ 본책 ☐ 동영상 강의 **공부한 날** 월 일	5과 ☐ 본책 ☐ 동영상 강의 **공부한 날** 월 일	6과 ☐ 본책 ☐ 동영상 강의 **공부한 날** 월 일	7과 ☐ 본책 ☐ 동영상 강의 **공부한 날** 월 일
2주차	8과 ☐ 본책 ☐ 동영상 강의 **공부한 날** 월 일	9과 ☐ 본책 ☐ 동영상 강의 **공부한 날** 월 일	10과 ☐ 본책 ☐ 동영상 강의 **공부한 날** 월 일	11과 ☐ 본책 ☐ 동영상 강의 **공부한 날** 월 일	12과 ☐ 본책 ☐ 동영상 강의 **공부한 날** 월 일	13과 ☐ 본책 ☐ 동영상 강의 **공부한 날** 월 일	14과 ☐ 본책 ☐ 동영상 강의 **공부한 날** 월 일
3주차	15과 ☐ 본책 ☐ 동영상 강의 **공부한 날** 월 일	16과 ☐ 본책 ☐ 동영상 강의 **공부한 날** 월 일	17과 ☐ 본책 ☐ 동영상 강의 **공부한 날** 월 일	18과 ☐ 본책 ☐ 동영상 강의 **공부한 날** 월 일	19과 ☐ 본책 ☐ 동영상 강의 **공부한 날** 월 일	20과 ☐ 본책 ☐ 동영상 강의 **공부한 날** 월 일	21과 ☐ 본책 ☐ 동영상 강의 **공부한 날** 월 일
4주차	22과 ☐ 본책 ☐ 동영상 강의 **공부한 날** 월 일	23과 ☐ 본책 ☐ 동영상 강의 **공부한 날** 월 일	24과 ☐ 본책 ☐ 동영상 강의 **공부한 날** 월 일	25과 ☐ 본책 ☐ 동영상 강의 **공부한 날** 월 일	26과 ☐ 본책 ☐ 동영상 강의 **공부한 날** 월 일	27과 ☐ 본책 ☐ 동영상 강의 **공부한 날** 월 일	28과 ☐ 본책 ☐ 동영상 강의 **공부한 날** 월 일
5주차	29과 ☐ 본책 ☐ 동영상 강의 **공부한 날** 월 일	30과 ☐ 본책 ☐ 동영상 강의 **공부한 날** 월 일					

목차

1장 활용하지 않는 품사편

2장 품사별 활용편

🏯 일본어 오십음도의 행과 단

본 학습에 들어가기에 앞서, 일본어 품사 중 동사를 그룹으로 구분하기 위해서는 먼저 오십음도의 행과 단을 알아 두는 것이 좋습니다.

행＼단	あ단	い단	う단	え단	お단
あ행	あ	い	う	え	お
か행	か	き	く	け	こ
さ행	さ	し	す	せ	そ
た행	た	ち	つ	て	と
な행	な	に	ぬ	ね	の
は행	は	ひ	ふ	へ	ほ
ま행	ま	み	む	め	も
や행	や		ゆ		よ
ら행	ら	り	る	れ	ろ
わ행	わ				を
ん	ん				

오십음도란 일본어의 음절을 가나(仮名)로 나타낸 표로, 모음이 같은 글자들은 세로로, 자음이 같은 글자들은 가로로 배열되어 있습니다. 원래는 50개의 음이 있어 오십음도라는 이름이 붙여졌지만, 현재는 발음의 변화로 46개 글자만 남아 있습니다.

모음이 같은 세로 부분을 '단'이라고 하며, あ단, い단, う단, え단, お단 이렇게 총 5단이 있습니다. 한편, 자음이 같은 가로 부분은 '행'이라고 하며, あ행, か행, さ행, た행, な행, は행, ま행, や행, ら행, わ행 이렇게 총 10행이 있습니다.

따라서, 예를 들어 'あ단'이라고 하면 「あ, か, さ, た, な, は, ま, や, ら, わ」를, 'あ행'이라고 하면 「あ, い, う, え, お」를 일컫는 것입니다.

이 행과 단의 개념을 잘 알아 두어야 동사를 여러 형태로 활용할 때 헷갈리지 않고 익힐 수 있습니다.

✏️ 바로 확인하기

① (   )란 일본어의 음절을 가나로 나타낸 표입니다. 모음이 같은 세로 부분을 ② (   )이라고 합니다. 예를 들어 「い, き, し, ち, に, ひ, み, り」의 경우는 ③ (   )에 속하며, 「え, け, せ, て, ね, へ, め, れ」의 경우는 ④ (   )에 속합니다. 한편, 자음이 같은 가로 부분은 ⑤ (   )이라고 합니다.

정답 ①오십음도 ②단 ③い단 ④え단 ⑤행

13

1과
조사

조사는 활용하지 않는 품사입니다. 단독으로 사용하지 않으며,
주로 명사, 형용사, 동사 등에 붙어 문법적인 관계를 나타냅니다.

① を ~을/를

동작의 대상, 동작의 출발점·분리점, 희망 또는 호불호 등의 대상을 나타냅니다.

예
カレーを食べました。　카레를 먹었습니다.

親元を離れる。　부모 곁을 떠나다.

充実した毎日を送りたい。　충실한 나날을 보내고 싶다.

단어

カレー 카레 | **食(た)べる** 먹다
親元(おやもと) 부모 곁
離(はな)れる 떨어지다
充実(じゅうじつ)する 충실하다
毎日(まいにち) 매일
送(おく)る 보내다

② が ~이/가

주체의 동작이나 상태, 희망과 호불호 등의 대상을 나타냅니다.

예
風が吹く。　바람이 분다.

私が作ります。　제가 만들겠습니다.

新しいスマホがほしい。　새로운 스마트폰이 갖고 싶다.

단어

風(かぜ) 바람 | **吹(ふ)く** 불다
私(わたし) 나, 저
作(つく)る 만들다
新(あたら)しい 새롭다
スマホ 스마트폰
ほしい 갖고 싶다

③ か ~가, ~인지/한지, ~일까/할까, ~까?

불확실함이나 연립을 나타냅니다. 또한 문장 끝에 붙어 의문을 나타내기도 합니다.

예
誰かの役に立ちたい。　누군가의 도움이 되고 싶다.

嘘か本当か分からない。　거짓인지 진짜인지 모르겠다.

行くか行かないか迷っている。　갈까 가지 말까 망설이고 있다.

大丈夫ですか。　괜찮습니까?

단어

誰(だれ) 누구
役(やく)に立(た)つ 도움이 되다
嘘(うそ) 거짓, 거짓말
本当(ほんとう) 진짜, 정말
分(わ)かる 알다
迷(まよ)う 망설이다
大丈夫(だいじょうぶ)だ 괜찮다

④ は ~은/는

판단의 대상이나 서술 내용이 그 범위 내에 한정된 것을 나타냅니다. 「は」는 조사일 때에는 [wa(와)]로 발음합니다.

예 佐藤さんは先生です。　사토 씨는 선생님입니다.

ひらがなは読めるが、漢字は読めない。

히라가나는 읽을 수 있지만, 한자는 읽을 수 없다.

단어
~さん ~씨
先生(せんせい) 선생님
ひらがな 히라가나
読(よ)**める** 읽을 수 있다(読む의 가능형)
漢字(かんじ) 한자

⑤ も ~도

어떤 사항을 들어 비슷한 사항이 그밖에도 있다는 것을 나타냅니다. 또한, 비슷한 사항을 병렬·열거할 때 사용하기도 합니다.

예 ラーメンも好きです。　라면도 좋아합니다.

彼は日本語も中国語もできる。　그는 일본어도 중국어도 할 수 있다.

단어
ラーメン 라면
好(す)**きだ** 좋아하다
彼(かれ) 그
日本語(にほんご) 일본어
中国語(ちゅうごくご) 중국어
できる 할수있다(する의 가능형)

바로 확인하기

① パン(　　)買った。 빵을 샀다.
② 雨(　　)降る。 비가 내린다.
③ どこにいる(　　)教えて。 어디에 있는지 가르쳐 줘.
④ 私(　　)学生です。 저는 학생입니다.
⑤ 今日は先生(　　)来ます。 오늘은 선생님도 옵니다.

정답 ①を ②が ③か ④は ⑤も

단어
パン 빵 | **買**(か)**う** 사다
雨(あめ) 비 | **降**(ふ)**る** 내리다
どこに 어디에 | **いる** 있다
教(おし)**える** 가르치다
学生(がくせい) 학생
今日(きょう) 오늘
来(く)**る** 오다

6 の ~의, ~인

주체의 소유나 성질, 상태 등을 나타냅니다.

예 私のかばん。 나의 가방.

ネクサス出版社の木村です。 넥서스 출판사의 기무라입니다.

シルク100%のネクタイ。 실크 100%인 넥타이.

友だちの正樹くんです。 친구인 마사키 군입니다.

단어
かばん 가방
出版社(しゅっぱんしゃ) 출판사
シルク 실크
ネクタイ 넥타이
友(とも)だち 친구
~くん ~군

7 に ~에, ~(으)로, ~에게

시간적·공간적 위치나 범위를 나타냅니다. 또한 목표나 대상을 지정할 때에도 사용합니다.

예 毎朝7時に家を出ます。 매일 아침 7시에 집을 나섭니다.

リモコンはテレビの前にある。 리모컨은 텔레비전 앞에 있다.

山本さんは東京に住んでいる。 야마모토 씨는 도쿄에 살고 있다.

家に帰ります。 집으로 돌아갑니다.

友だちにプレゼントを渡す。 친구에게 선물을 건네주다.

단어
毎朝(まいあさ) 매일 아침
~時(じ) ~시 | 家(いえ·うち) 집
出(で)る 나가다, 나오다
リモコン 리모컨 | テレビ 텔레비전
前(まえ) 앞 | ある 있다
東京(とうきょう) 도쿄
住(す)む 살다
帰(かえ)る 돌아가다, 돌아오다
プレゼント 선물
渡(わた)す 건네주다

8 へ ~에, ~(으)로

동작이나 작용이 향하는 목표점, 방향을 나타내거나 동작 및 작용을 받는 상대를 나타냅니다. 「へ」는 조사일 때에는 [e(에)]로 발음합니다.

예 家へ帰ります。 집으로 돌아갑니다.

学校へ行く。 학교에 가다.

단어
学校(がっこう) 학교
行(い)く 가다

18

PLUS

「に」와「へ」는 동작과 작용이 관련된 장소를 나타낸다는 공통점이 있습니다. 따라서「家に帰ります。」
와「家へ帰ります。」둘 다 사용해도 좋습니다. 다만,「に」는 장소나 동작과 작용의 귀착점을 나타내는
데 반해,「へ」는 동작이나 작용이 향하는 목표지점이나 방향을 가리키는 경향이 있습니다.

❾ より ~보다, ~(으)로부터

비교의 기준을 나타내거나 동작의 기점이 되는 지점, 시간, 사물, 인물을 나타냅니다.

예 カタカナはひらがなより難しい。　가타카나는 히라가나보다 어렵다.

今日は思ったより暖かい。　오늘은 생각한 것보다 따뜻하다.

学校は午前9時より始まる。　학교는 오전 9시부터 시작된다.

父より手紙が届いた。　아버지로부터 편지가 도착했다.

단어

カタカナ 가타카나
難(むずか)しい 어렵다
思(おも)う 생각하다
暖(あたた)かい 따뜻하다
午前(ごぜん) 오전
始(はじ)まる 시작되다
手紙(てがみ) 편지
届(とど)く 도착하다

❿ から ~(으)로부터, ~에서

동작이나 작용의 시간적·공간적 기점, 또는 출처를 나타냅니다.

예 学校は午前9時から始まる。　학교는 오전 9시부터 시작된다.

駅から歩いて10分です。　역에서 걸어서 10분입니다.

本人から直接話を聞いた。　본인으로부터 직접 이야기를 들었다.

단어

~分(ふん·ぶん) ~분
歩(ある)く 걷다
本人(ほんにん) 본인
直接(ちょくせつ) 직접
話(はなし) 이야기
聞(き)く 듣다, 묻다

PLUS

「より」와「から」는 기점을 나타낸다는 공통점이 있습니다. 따라서「学校は午前9時より始まる。」와
「学校は午前9時から始まる。」둘 다 사용해도 좋습니다. 차이점은「より」쪽이 딱딱하고 격식 차린
표현이라는 것입니다.

19

⑪ まで ~까지

동작이나 일이 미치는 시간적·거리적 한도나 범위, 도달점을 나타냅니다.

예 昨日の夜、9時まで残業した。　어젯밤 9시까지 잔업했다.

試験が終わるまでスマホの電源を切っておく。

시험이 끝날 때까지 스마트폰 전원을 꺼 둔다.

家から会社まで30分ぐらいかかる。

집에서 회사까지 30분 정도 걸린다.

단어
昨日(きのう) 어제 | 夜(よる) 밤
残業(ざんぎょう)する 잔업하다
試験(しけん) 시험
終(お)わる 끝나다
電源(でんげん)を切(き)る 전원을 끄다
会社(かいしゃ) 회사
かかる 걸리다

✎ 바로 확인하기

① 母( )車。 어머니의 자동차.
② 椅子の下( )ある。 의자 아래에 있다.
③ 図書館( )行く。 도서관에 간다.
④ 妹は私( )背が高い。 여동생은 나보다 키가 크다.
⑤ 映画は3時( )始まる。 영화는 3시부터 시작된다.
⑥ コンビニ( )歩いていく。 편의점까지 걸어간다.

정답 ①の ②に ③へ/に ④より ⑤から ⑥まで

단어
車(くるま) 자동차
椅子(いす) 의자 | 下(した) 아래
図書館(としょかん) 도서관
背(せ)が高(たか)い 키가 크다
映画(えいが) 영화
コンビニ 편의점

⑫ と ~와/과

두 가지 이상의 명사를 열거할 때 사용합니다. 또한 동작을 함께 하는 대상을 나타내기도 하며, 같고 다름을 판단할 때의 기준을 나타내기도 합니다.

예 ボールペンと修正テープ。 볼펜과 수정테이프.

友だちと映画を見ます。 친구와 영화를 볼 것입니다.

商品説明と違うものが届いた。 상품 설명과 다른 물건이 도착했다.

단어
ボールペン 볼펜
修正(しゅうせい)テープ 수정테이프
商品(しょうひん) 상품
説明(せつめい) 설명
違(ちが)う 다르다 | もの 물건

13 や ~(이)나, ~(이)랑

두 가지 이상의 명사를 열거할 때 사용합니다.

예 週末は友だちや家族と過ごす。　주말은 친구나 가족과 보낸다.

図書館やカフェなどで勉強します。

도서관이나 카페 등에서 공부합니다.

<단어>
週末(しゅうまつ) 주말
家族(かぞく) 가족
過(す)ごす 보내다, 지내다
カフェ 카페
勉強(べんきょう)する 공부하다

PLUS

「と」와 「や」는 열거할 때 사용한다는 공통점이 있습니다. 차이점은 「と」는 모두 열거할 때, 「や」는 일부를 열거할 때 사용한다는 점입니다. 따라서 「ボールペンとテープ」라고 하면 '볼펜과 테이프 전부'인 것이고, 「ボールペンやテープ」라고 하면 '볼펜과 테이프 외에 열거되지 않은 어떤 다른 것도 포함'하고 있는 것입니다.

14 など ~등

예로 든 것 외에도 같은 종류의 것들이 있다는 의미를 나타냅니다.

예 駅前には銀行や本屋などがあります。

역 앞에는 은행이나 서점 등이 있습니다.

スーパーで野菜などを買った。　슈퍼마켓에서 채소 등을 샀다.

<단어>
駅前(えきまえ) 역 앞
銀行(ぎんこう) 은행
本屋(ほんや) 서점
スーパー 슈퍼마켓
野菜(やさい) 채소

15 し ~하고, ~해서

유사한 사항을 열거하거나 여러 사항을 들어 이유나 원인을 나타냅니다.

예 あのレストランは美味しいし、安いです。

저 레스토랑은 맛있고 쌉니다.

彼は頭もいいし、性格もいいし、好きです。

그는 머리도 좋고 성격도 좋아서 좋아합니다.

<단어>
レストラン 레스토랑
美味(おい)しい 맛있다
安(やす)い 싸다
頭(あたま) 머리 | いい 좋다
性格(せいかく) 성격

⑯ で ~에서, ~로

동작이나 작용의 장소·장면, 상태, 수단·방법, 재료, 이유·원인 등을 나타냅니다.

예 ジムで運動する。　헬스장에서 운동한다.

世界で一番高い山は、エベレストです。

세계에서 가장 높은 산은 에베레스트입니다.

笑顔で明るくあいさつした。　웃는 얼굴로 밝게 인사했다.

メールで連絡する。　메일로 연락한다.

風邪で学校を休んだ。　감기로 학교를 쉬었다.

단어 ジム 헬스장
運動(うんどう)する 운동하다
世界(せかい) 세계, 세상
一番(いちばん) 가장, 제일
高(たか)い 높다 | 山(やま) 산
エベレスト 에베레스트
笑顔(えがお) 웃는 얼굴
明(あか)るい 밝다
あいさつする 인사하다
メール 메일, 문자 메시지
連絡(れんらく)する 연락하다
風邪(かぜ) 감기 | 休(やす)む 쉬다

바로 확인하기

① 子供(　　)遊ぶ。　아이와 논다.

② お茶(　　)ケーキがある。　차랑 케이크가 있다.

③ インターネット(　　　)で調べる。　인터넷 등으로 조사하다.

④ この部屋は広い(　　　)明るい。　이 방은 넓고 밝다.

⑤ 図書館(　　)勉強する。　도서관에서 공부하다.

정답 ①と ②や ③など ④し ⑤で

단어 子供(こども) 아이, 어린이
遊(あそ)ぶ 놀다
お茶(ちゃ) 차 | ケーキ 케이크
インターネット 인터넷
調(しら)べる 조사하다
部屋(へや) 방 | 広(ひろ)い 넓다

⑰ しか ~밖에

특정 사항 이외의 것은 모두 부정하는 의미를 나타냅니다.

예 試合終了まで後5分しかない。

시합 종료까지 앞으로 5분밖에 없다.

一生懸命やるしかない。

열심히 하는 수밖에 없다.

단어 試合(しあい) 시합
終了(しゅうりょう) 종료
後(あと) 앞으로 | ない 없다
一生懸命(いっしょうけんめい) 열심히
やる 하다

⑱ だけ ~만

그것에 한정한다는 의미를 나타냅니다.

例 1時間だけ値下げします。 　한 시간만 가격 인하하겠습니다.

息子は好きなものだけ食べる。 　아들은 좋아하는 것만 먹는다.

단어
~時間(じかん) ~시간
値下(ねさ)げする 가격 인하하다

⑲ ばかり ~만

범위를 한정한다는 의미를 나타냅니다.

例 妹はカップ麺ばかり食べている。 　여동생은 컵라면만 먹는다.

彼は黒い服ばかり着ている。 　그는 까만 옷만 입는다.

단어
カップ麺(めん) 컵라면
黒(くろ)い 까맣다
服(ふく) 옷 | 着(き)る 입다

PLUS

「だけ」와 「ばかり」는 한정을 나타낸다는 공통점이 있어, 「カップ麺だけ食べている。」와 「カップ麺ばかり食べている。」둘 다 사용할 수 있습니다. 다만, 「カップ麺だけ食べている。」는 '컵라면 이외의 다른 것은 먹지 않고 오직 컵라면만 먹는다'는 것을 의미하지만, 「カップ麺ばかり食べている。」는 '컵라면을 먹는 일이 많다'는 것을 의미합니다.

⑳ さえ ~조차

극단적인 예시를 들어, 이 경우가 그러하니 그 외 다른 경우도 당연히 그럴 것이라는 의미를 나타냅니다. 부정문을 수반하는 경향이 있습니다.

例 私は目玉焼きさえ作れない。

나는 달걀프라이조차 만들지 못한다.

娘は自分の名前さえ書けない。

딸은 자신의 이름조차 쓸 줄 모른다.

단어
目玉焼(めだまや)き 달걀프라이
作(つく)れる 만들 수 있다(作る의 가능형)
名前(なまえ) 이름
書(か)ける 쓸 수 있다(書く의 가능형)

23

✏️ **바로 확인하기**

① 一つ(　　　)ない。 한 개밖에 없다.

② 少し(　　　)食べる。 조금만 먹는다.

③ ゲーム(　　　)している。 게임만 하고 있다.

④ ひらがな(　　　)読めない。 히라가나조차 읽지 못한다.

〔단어〕

一(ひと)**つ** 하나, 한 개

少(すこ)**し** 조금, 좀, 약간

ゲーム 게임

〔정답〕 ① しか　② だけ　③ ばかり　④ さえ

㉑ ほど ~정도, ~만큼

대강의 분량이나 어떤 사항을 예로 들어 동작이나 상태의 정도를 나타냅니다. 또한 정도를 비교하는 의미를 나타내기도 합니다.

〔예〕 昨日は 5 時間ほど寝た。 어제는 5시간 정도 잤다.

１年ほど前に購入した。 1년 정도 전에 구입했다.

安いのに驚くほど旨い。 싼데 놀랄 만큼 맛있다.

死ぬほど疲れた。 죽을 만큼 피곤하다.

今日は昨日ほど暑くない。 오늘은 어제만큼 덥지 않다.

〔단어〕

寝(ね)**る** 자다

～年(ねん) ~년 | **～前**(まえ) ~전

購入(こうにゅう)**する** 구입하다

～(な)のに ~인데, ~인데도

驚(おどろ)**く** 놀라다

旨(うま)**い** 맛있다

死(し)**ぬ** 죽다

疲(つか)**れる** 피곤하다

暑(あつ)**い** 덥다

㉒ くらい(ぐらい) ~정도, ~만큼

대강의 분량이나 정도, 기준이 되는 사항을 나타냅니다. 최소한의 것이나 정도가 가볍고 간단한 일 등을 예로 들어 강하게 주장하는 의미를 나타내는 경우도 있습니다.

「この·その·あの·どの」 뒤에 붙는 경우에는 「くらい」를 사용합니다. 명사, 대명사, 조수사와 같은 체언 뒤나 동사, 형용사와 같은 용언 및 조동사 뒤에 붙는 경우에는 「ぐらい」가 붙는 것이 일반적입니다. 그러나 근래에는 이와 같은 법칙에 관계없이 자유롭게 사용되는 경향이 있습니다.

예 昨日は２時間ぐらい勉強した。　어제는 2시간 정도 공부했다.

今日はこのくらいにしておこう。　오늘은 이 정도로 해 두자.

彼女と知り合ってどのくらいになりますか。

그녀와 알게 된 지 어느 정도 됩니까?

軽く汗をかくくらいの運動をする。

가볍게 땀을 흘릴 정도의 운동을 한다.

声が出ないくらい驚いた。　목소리가 나오지 않을 만큼 놀랐다.

+ PLUS

「ほど」와 「くらい」는 어떤 동작이나 상태의 정도를 구체적인 예나 비유표현으로 설명할 때 사용한다는 공통점이 있습니다. 따라서 「死ぬほど疲れた。」와 「死ぬくらい疲れた。」 둘 다 사용할 수 있습니다. 다만, 보통 그 정도가 높을 경우에는 「ほど」를 사용하는 것이 일반적이라, 이러한 경우에는 「死ぬほど疲れた。」와 같이 표현하는 경우가 압도적입니다. 그리고 「ほど」는 「くらい」보다 조금 딱딱한 표현이기도 합니다.

23 こそ ~(이)야말로

여러 사항 중 어떤 특정한 것을 내세워 강조하는 의미를 나타냅니다.

예 こちらこそよろしく。　저야말로 잘 부탁해요.

健康こそ最高の財産だ。　건강이야말로 최고의 재산이다.

今年こそ、ダイエットに成功したい。

올해야말로 다이어트에 성공하고 싶다.

㉔ でも ~라도

극단적인 예시를 들어, 이 경우가 그러하니 다른 경우에도 그럴 것이라는 의미를 나타냅니다. 또한 가볍게 예시를 제시해 한정하지 않는다는 의미도 나타냅니다.

예 これは子供でも作れる簡単な料理です。
이것은 어린이라도 만들 수 있는 간단한 요리입니다.

今からでも遅くない。　지금부터라도 늦지 않다.

お茶でも一杯飲みましょう。　차라도 한 잔 마십시다.

단어
子供(こども) 아이, 어린이
簡単(かんたん)だ 간단하다
料理(りょうり) 요리
今(いま)から 지금부터
遅(おそ)い 늦다
一杯(いっぱい) 한 잔
飲(の)む 마시다

바로 확인하기

① 死ぬ(　　　)眠い。 죽을 만큼 졸리다.

② どの(　　　)かかりますか。 어느 정도 걸립니까?

③ 今度(　　　)勝つ。 이번에야말로 이긴다.

④ 食事(　　　)一緒にどうですか。 식사라도 함께 어때요?

정답 ①ほど ②くらい ③こそ ④でも

단어
眠(ねむ)い 졸리다
今度(こんど) 이번, 다음 번
勝(か)つ 이기다
食事(しょくじ) 식사
一緒(いっしょ)に 함께, 같이
どうですか 어떻습니까?

STEP 2 한눈에 정리하기

조사	의미	조사	의미
を	~을/를	が	~이/가
か	~가, ~인지/한지, ~일까/할까, ~까?	は	~은/는
も	~도	の	~의, ~인
に	~에, ~(으)로, ~에게	へ	~에, ~(으)로
より	~보다, ~(으)로부터	から	~(으)로부터, ~에서
まで	~까지	と	~와/과
や	~(이)나, ~(이)랑	など	~등
し	~하고, ~해서	で	~에서, ~로
しか	~밖에	だけ	~만
ばかり	~만	さえ	~조차
ほど	~정도, ~만큼	くらい (ぐらい)	~정도, ~만큼
こそ	~(이)야말로	でも	~라도

27

1 다음 빈칸에 들어갈 알맞은 말을 골라 보세요.

1) 넥타이를 샀다.

　ネクタイ＿＿＿買った。

　① で　② か　③ を　④ と

2) 아버지는 선생님입니다.

　父＿＿＿先生です。

　① は　② に　③ や　④ へ

3) 나의 책입니다.

　私＿＿＿本です。

　① か　② の　③ し　④ を

4) 카페는 서점 앞에 있다.

　カフェは本屋の前＿＿＿ある。

　① と　② から　③ も　④ に

5) 은행은 아침 9시부터입니다.

　銀行は朝9時＿＿＿です。

　① こそ　② だけ　③ から　④ など

2 보기의 조사를 이용해 문장을 완성해 보세요.

보기 くらい　さえ　より　など　ばかり

1) 어머니<u>보다</u> 키가 크다.

母 ＿＿＿＿＿＿＿＿＿ 背が高い。

2) 딸은 공부<u>만</u> 하고 있다.

娘は勉強 ＿＿＿＿＿＿＿＿＿ している。

3) 어느 <u>정도</u> 걸립니까?

どの ＿＿＿＿＿＿＿＿＿ かかりますか。

4) 히라가나<u>조차</u> 쓰지 못한다.

ひらがな ＿＿＿＿＿＿＿＿＿ 書けない。

5) 빵 <u>등</u>을 먹었다.

パン ＿＿＿＿＿＿＿＿＿ を食べた。

2과
부사

부사는 단독으로 사용하지 않는 품사입니다. 주로 용언, 즉 문장에서 서술어의 기능을 하는 동사 및 형용사를 수식합니다.

① とても 매우, 도저히

정도가 심함을 나타냅니다. 또한 부정을 수반해 어떻게 해도 불가능하다는 것을 나타내기도 합니다.

예 今日はとても涼しい。　오늘은 매우 쌀쌀하다.

これ以上はとても無理です。　이 이상은 도저히 무리입니다.

단어
涼(すず)しい 쌀쌀하다, 선선하다
これ以上(いじょう) 이 이상, 더 이상
無理(むり)だ 무리다

② かなり 제법, 상당히, 꽤

보통 예측되는 정도를 넘은 상태를 나타냅니다.

예 今回の試験はかなり難しかった。　이번 시험은 제법 어려웠다.

いつもよりかなり時間がかかった。　평소보다 상당히 시간이 걸렸다.

단어
今回(こんかい) 이번
試験(しけん) 시험
いつもより 평소보다

③ なかなか 상당히, 꽤, 좀처럼

성질이나 상태가 예상한 것보다 그 이상이라는 것을 나타냅니다. 또한 부정을 수반해 쉽게 실행되지 않는다는 의미를 나타내기도 합니다.

예 なかなか面白い展示会だった。　꽤 재미있는 전시회였다.

なかなか仕事が覚えられない。　좀처럼 일이 익혀지지 않는다.

단어
面白(おもしろ)い 재미있다
展示会(てんじかい) 전시회
仕事(しごと) 일
覚(おぼ)えられる 익힐 수 있다
(覚える의 가능형)

④ 本当に 정말로, 참으로

마음으로부터 그렇게 생각하고 있다는 의미로, 정도가 심함을 나타냅니다.

예 本当におめでとうございます。　정말로 축하합니다.

優勝できて本当に嬉しい。　우승할 수 있어서 참으로 기쁘다.

단어
優勝(ゆうしょう)する 우승하다
嬉(うれ)しい 기쁘다

5 あまり 너무, 그다지, 별로

부정을 수반해 정도가 예상만큼은 아니라는 의미를 나타냅니다. 또한 정도가 보통을 넘어 심함을 나타내기도 합니다.

📢 この小説(しょうせつ)はあまり面白(おもしろ)くない。　이 소설은 별로 재미있지 않다.

　あまり気(き)にしない方(ほう)がいい。　너무 신경 쓰지 않는 편이 좋다.

단어
小説(しょうせつ) 소설
気(き)**にする** 신경 쓰다

✏️ **바로 확인하기**

① (　　　)簡単(かんたん)です。　매우 간단합니다.

② (　　　)高(たか)い。　제법 비싸다.

③ (　　　)来(こ)ない。　좀처럼 오지 않는다.

④ (　　　)ありがとう。　정말로 고마워.

⑤ (　　　)上手(じょうず)じゃない。　별로 잘하지 않는다.

정답 ①とても ②かなり ③なかなか ④本当(ほんとう)に ⑤あまり

단어
高(たか)**い** 높다, 비싸다
上手(じょうず)**だ** 잘하다, 능숙하다

---

6 少(すこ)し 조금, 좀, 약간

수량이나 정도가 적은 것을 나타냅니다.

📢 まだ少(すこ)し残(のこ)っている。　아직 조금 남아 있다.

　頭(あたま)が少(すこ)し痛(いた)い。　머리가 약간 아프다.

단어
まだ 아직 | **残**(のこ)**る** 남다
頭(あたま) 머리
痛(いた)**い** 아프다

---

7 ちょっと 조금, 좀, 약간, 잠깐

수량이나 정도가 적거나 시간이 짧은 것을 나타냅니다. 가벼운 기분으로 행동하는 것을 의미하기도 합니다.

33

예 今日はちょっと寒い。 오늘은 약간 춥다.

9時ちょっと前に家に着いた。 9시 조금 전에 집에 도착했다.

ちょっと見てくる。 잠깐 보고 올게.

단어
寒(さむ)い 춥다
着(つ)く 도착하다

+PLUS

「少し」와「ちょっと」는 수량이나 정도가 적은 것을 나타낸다는 공통점이 있습니다. 따라서「少し寒い。」
와「ちょっと寒い。」둘 다 사용해도 좋습니다만,「ちょっと」가 비교적 가벼운 말투입니다.

⑧ もう 이미, 벌써, 이제

어떤 상태에 이르렀거나 어떤 동작이 완료된 상태, 혹은 시간·장소로 기준점을 정하고 그것에 가까워
지는 것을 나타냅니다.

예 彼女のことはもう忘れた。 그녀는 이미 잊었다.

もう家に着きましたか。 벌써 집에 도착했습니까?

もう帰りましょうか。 이제 돌아갈까요?

단어
こと 일, 것
忘(わす)れる 잊다

⑨ まだ 아직

어떤 상태나 단계, 정도에 이르지 않았다는 것이나 그 상태가 계속되고 있는 것을 의미합니다. 또한
시간이 조금밖에 지나지 않은 것을 나타냅니다.

예 まだ宿題が終わっていない。 아직 숙제가 끝나지 않았다.

外はまだ雨が降っている。 밖은 아직 비가 내리고 있다.

まだ1時間しか経っていない。 아직 1시간밖에 지나지 않았다.

단어
宿題(しゅくだい) 숙제
外(そと) 밖, 바깥
経(た)つ 지나다, 경과하다

⑩ また 또, 다시

같은 일이 다시 일어나거나 반복된다는 의미를 나타냅니다. 「また」는 접속사로도 쓰이는데 이는 4과
에서 살펴볼 수 있습니다.

예 また財布を無くした。　또 지갑을 잃어버렸다.

明日また来ます。　내일 다시 오겠습니다.

✏️ 바로 확인하기

① (　　　)眠いです。　조금 졸립니다.

② (　　　)行ってくる。　잠깐 다녀올게.

③ (　　　)大丈夫です。　이제 괜찮습니다.

④ (　　　)時間がある。　아직 시간이 있다.

⑤ (　　　)会いましょう。　또 만납시다.

정답 ①少し ②ちょっと ③もう ④また ⑤また

⑪ いつも 언제나, 늘

어떤 때에도, 항상이라는 의미를 나타냅니다.

예 彼はいつもニコニコ笑っている。　그는 언제나 싱글벙글 웃고 있다.

いつも同じコースを散歩する。　늘 같은 코스를 산책한다.

⑫ よく 잘, 자주

충분히 정성을 들여서 한다는 의미를 나타냅니다. 또한 매번 같은 일을 한다는 의미를 나타내기도 합
니다.

STEP 1 용법 익히기

예 よく調べてくれました。　잘 조사해 주었습니다.

父はよく料理を作る。　아버지는 자주 요리를 만든다.

⑬ 時々 때때로

항상은 아니지만 어느 정도 시간을 두고 일이 반복된다는 의미를 나타내기도 합니다.

예 時々気分転換にプールに泳ぎに行く。

때때로 기분전환하러 수영장에 헤엄치러 간다.

今日の天気は晴れ時々曇りです。

오늘의 날씨는 맑음 때때로 흐림입니다.

단어
気分転換(きぶんてんかん) 기분전환
プール 수영장
泳(およ)ぎに行(い)く 헤엄치러 가다
天気(てんき) 날씨
晴(は)れ 맑음 | **曇(くも)り** 흐림

⑭ たまに 가끔, 드물게

횟수가 매우 적고 좀처럼 없다는 의미를 나타냅니다.

예 焼肉はたまに食べると美味しい。　불고기는 가끔 먹으면 맛있다.

普段はコンタクトで、たまに眼鏡をかける。

평소에는 콘택트렌즈이고, 드물게 안경을 쓴다.

단어
焼肉(やきにく) 불고기
普段(ふだん) 평소, 보통
コンタクト 콘택트렌즈
眼鏡(めがね)をかける 안경을 쓰다

⑮ 全然 전혀

전면적인 부정의 의미를 나타냅니다.

예 最近、全然運動していない。　최근 전혀 운동을 하지 않는다.

兄弟でも、性格が全然違う。　형제라도 성격이 전혀 다르다.

단어
最近(さいきん) 최근, 요즘
兄弟(きょうだい) 형제

36

바로 확인하기

① (　　　　　)遅刻する。　늘 지각한다.

② (　　　　　)買い物に行く。　자주 쇼핑하러 간다.

③ (　　　　　)一人で旅行に行く。　때때로 혼자서 여행을 간다.

④ (　　　　　)風景写真を撮る。　가끔 풍경 사진을 찍는다.

⑤ 漢字は(　　　　　)書けない。　한자는 전혀 쓸 수 없다.

정답 ①いつも ②よく ③時々 ④たまに ⑤全然

단어
遅刻(ちこく)する 지각하다
買(か)い物(もの)に行(い)く 쇼핑하러 가다
一人(ひとり)で 혼자서
旅行(りょこう)に行(い)く 여행을 가다
風景写真(ふうけいしゃしん) 풍경 사진
撮(と)る 찍다

16 ゆっくり　천천히, 느긋하게, 푹

동작이 늦다는 의미를 나타냅니다. 또한 시간이나 마음에 여유가 있다는 의미를 나타내기도 합니다.

예 もう少しゆっくり話してください。　조금 더 천천히 이야기해 주세요.

今日は家でゆっくり休みます。　오늘은 집에서 느긋하게 쉬겠습니다.

단어
もう少(すこ)し 조금 더
話(はな)す 이야기하다

17 早く　빨리, 일찍

동작이나 진행이 신속하다는 의미를 나타냅니다. 또한 시간이나 시기가 이르다는 의미를 나타내기도 합니다.

예 できるだけ早く返事するようにしている。

되도록 빨리 답장하도록 하고 있다.

今朝はいつもより早く目が覚めた。

오늘 아침은 평소보다 일찍 눈이 떠졌다.

단어
できるだけ 가능한 한, 되도록
返事(へんじ)する 답장하다
~ようにしている ~하도록 하고 있다
今朝(けさ) 오늘 아침
目(め)が覚(さ)める 눈이 떠지다

18 すぐ　곧, 즉시, 바로

시간을 두지 않고 다음 일이 바로 진행되는 것을 나타냅니다.

예 今すぐ家に帰りたい。　지금 바로 집에 돌아가고 싶다.

すぐお持ちします。　바로 가져다 드리겠습니다.

단어
持(も)つ 가지다, 들다

⑲ ちょうど 정확히, 딱, 마침

시간, 수량이나 크기 등이 기준에 부족함 없이 일치한다는 의미를 나타냅니다.

예 午前9時ちょうどに家を出た。　정확히 오전 9시에 집을 나섰다.

サイズも、量も、これくらいがちょうどいい。

사이즈도 양도 이 정도가 딱 좋다.

단어
サイズ 사이즈
量(りょう) 양
いい 좋다

⑳ ずっと 훨씬, 계속

비교해 봤을 때 차이가 크거나 또는 시간이나 공간의 간격이 크다는 의미를 나타냅니다. 어떤 동작이나 상태가 오래 계속된다는 의미를 나타내기도 합니다.

예 弟は私よりずっと成績がいい。　남동생은 나보다 훨씬 성적이 좋다.

この日をずっと待っていた。　이 날을 계속 기다렸다.

단어
弟(おとうと) 남동생
成績(せいせき) 성적
この日(ひ) 이날
待(ま)つ 기다리다

✏️ 바로 확인하기

① (　　　　)歩く。　천천히 걷는다.

② (　　　　)着いた。　일찍 도착했다.

③ (　　　　)連絡する。　바로 연락할게.

④ (　　　　)1年になる。　딱 1년이 된다.

⑤ (　　　　)寝ている。　계속 자고 있다.

정답 ①ゆっくり ②早く ③すぐ ④ちょうど ⑤ずっと

㉑ 必ず(かなら) 반드시, 꼭

어떤 상태 이외의 일이 일어날 가능성은 전혀 없다는 것을 나타냅니다.

예 約束(やくそく)は必ず(かなら)守(まも)ります。　약속은 반드시 지키겠습니다.
今度(こんど)は必ず(かなら)勝(か)ってみせる。　다음 번에는 꼭 이겨 보이겠다.

단어
約束(やくそく) 약속
守(まも)る 지키다
今度(こんど) 이번, 다음 번

㉒ ぜひ 아무쪼록, 꼭

어떤 일을 실행하거나 실현하는 것을 강하게 바라는 마음을 나타냅니다.

예 ぜひ飲(の)んでみてください。　꼭 마셔 봐 주세요.
またぜひお願(ねが)いしたいです。　다시 꼭 부탁드리고 싶습니다.

단어
飲(の)む 마시다
お願(ねが)いする 부탁하다

㉓ きっと 꼭, 반드시

자신의 추측이 실현될 가능성이 높을 것이라는 마음을 나타내거나, 결의나 희망이 강한 것을 나타냅니다.

예 きっといいことがあるだろう。　꼭 좋은 일이 있을 것이다.
夢(ゆめ)はきっと叶(かな)う。　꿈은 반드시 이루어진다.

단어
いいこと 좋은 일
~だろう ~것이다
夢(ゆめ) 꿈
叶(かな)う 이루어지다

㉔ たぶん 아마

단정할 수는 없지만 그렇게 될 가능성이 높다는 마음을 나타냅니다.

예 たぶん早(はや)く終(お)わると思(おも)う。　아마 일찍 끝날 것이라고 생각한다.
たぶん迎(むか)えに来(き)てくれるでしょう。　아마 데리러 와 주겠지요.

단어
~と思(おも)う ~라고 생각하다
迎(むか)えに来(く)る 데리러 오다
~でしょう ~겠지요

25 やはり 역시

미리 예상하거나 판단한 것과 같다는 의미를 나타냅니다.

예 やはり大阪本場のたこ焼きは美味しい。

역시 오사카 본고장의 다코야키는 맛있다.

やはり平日より土日の方が混んでいた。

역시 평일보다 주말 쪽이 붐볐다.

단어
大阪(おおさか) 오사카
本場(ほんば) 본고장
たこ焼(や)き 다코야키
平日(へいじつ) 평일
土日(どにち) 토요일과 일요일
混(こ)む 붐비다

PLUS

가벼운 회화체로「やっぱり」가 있습니다.

바로 확인하기

① (　　　　)行く。 반드시 갈게.
② (　　　　)見たい。 꼭 보고 싶다.
③ (　　　　)大丈夫だろう。 반드시 괜찮을 것이다.
④ (　　　　)知らないと思う。 아마 모를 것이라고 생각해.
⑤ (　　　　)負けた。 역시 졌다.

단어
知(し)る 알다
負(ま)ける 지다

정답 ①必ず ②ぜひ ③きっと ④たぶん ⑤やはり

26 もし 만약, 혹시

아직 실현되지 않은 것을 가정해서 말한다는 의미를 나타냅니다.

예 もし雨が降ったら、イベントは中止になります。

만약 비가 오면 이벤트는 중지됩니다.

단어
イベント 이벤트
中止(ちゅうし) 중지

もしよかったら一緒(いっしょ)に行(い)きませんか。

혹시 괜찮다면 함께 가지 않을래요?

27 もっと 더욱, 좀 더

정도나 상태가 한층 더 높아진다는 의미를 나타냅니다.

예 今(いま)よりもっと上手(じょうず)になりたい。 지금보다 더욱 능숙해지고 싶다.

学生(がくせい)の時(とき)にもっと勉強(べんきょう)すればよかった。

학창시절에 좀 더 공부하면 좋았을 텐데.

28 もちろん 물론

논할 필요도 없을 만큼 확실하다는 의미를 나타냅니다.

예 それはもちろん大丈夫(だいじょうぶ)です。 그것은 물론 괜찮습니다.

英語(えいご)はもちろん日本語(にほんご)もできる。 영어는 물론 일본어도 할 수 있다.

29 はっきり 확실히, 분명히

다른 것과 명확하게 구분된다는 의미를 나타냅니다. 또한 애매한 부분이 없다는 의미를 나타내기도
합니다.

예 目(め)が悪(わる)くてはっきり見(み)えない。 눈이 나빠서 확실히 보이지 않는다.

自分(じぶん)の意見(いけん)をはっきり伝(つた)えることは難(むずか)しい。

자신의 의견을 분명히 전달하는 것은 어렵다.

③⓪ **きちんと** 깔끔히, 정확히, 규칙 바르게

잘 정리되어 있다는 의미를 나타냅니다. 또한 넘치거나 부족함 없이 정확하다는 의미를 나타내기도 합니다.

예 姉(あね)の部屋(へや)はきちんと整理(せいり)されている。
언니의 방은 항상 깔끔히 정리되어 있다.

先輩(せんぱい)はお客様(きゃくさま)のニーズをきちんと把握(はあく)している。
선배는 손님의 니즈를 정확히 파악하고 있다.

단어
整理(せいり)される 정리되다
先輩(せんぱい) 선배
お客様(きゃくさま) 고객, 손님
ニーズ 니즈
把握(はあく)する 파악하다

🖊 바로 확인하기

① (　　　　)よかったら、一杯(いっぱい)どうですか。
혹시 괜찮다면 한 잔 어떻습니까?

② (　　　　)お金(かね)を貯(た)めておけばよかった。
좀 더 돈을 모아 두면 좋았을 텐데.

③ (　　　　)私(わたし)も行(い)きます。 물론 저도 갑니다.

④ 声(こえ)が(　　　　)聞(き)こえる。 목소리가 확실히 들린다.

⑤ 在庫(ざいこ)を(　　　　)数(かぞ)える。 재고를 정확히 센다.

정답 ①もし ②もっと ③もちろん ④はっきり ⑤きちんと

단어
お金(かね) 돈
貯(た)める 모으다
聞(き)こえる 들리다
在庫(ざいこ) 재고
数(かぞ)える 세다

42

부사	의미	부사	의미
とても	매우, 도저히	かなり	제법, 상당히, 꽤
なかなか	상당히, 꽤, 좀처럼	本当に	정말로, 참으로
あまり	너무, 그다지, 별로	少し	조금, 좀, 약간
ちょっと	조금, 좀, 약간, 잠깐	もう	이미, 벌써, 이제
まだ	아직	また	또, 다시
いつも	언제나, 늘	よく	잘, 자주
時々	때때로	たまに	가끔, 드물게
全然	전혀	ゆっくり	천천히, 느긋하게, 푹
早く	빨리, 일찍	すぐ	곧, 즉시, 바로
ちょうど	정확히, 딱, 마침	ずっと	훨씬, 계속
必ず	반드시, 꼭	ぜひ	아무쪼록, 꼭
きっと	꼭, 반드시	たぶん	아마
やはり	역시	もし	만약, 혹시
もっと	더욱, 좀 더	もちろん	물론
はっきり	확실히, 분명히	きちんと	깔끔히, 정확히, 규칙 바르게

1 다음 빈칸에 들어갈 알맞은 말을 골라 보세요.

1) 나에게는 <u>도저히</u> 불가능하다

私(わたし)には _____ できない。

① かなり　　② とても　　③ また　　④ ちょうど

2) 일본어는 <u>별로</u> 어렵지 않다.

日本語(にほんご)は _____ 難(むずか)しくない。

① あまり　　② もし　　③ すぐ　　④ なかなか

3) 다나카 씨는 <u>이미</u> 돌아갔습니다.

田中(たなか)さんは _____ 帰(かえ)りました。

① まだ　　② たまに　　③ もう　　④ よく

4) <u>꼭</u> 먹어 봐 주세요.

_____ 食(た)べてみてください。

① はっきり　　② たぶん　　③ 全然(ぜんぜん)　　④ ぜひ

5) 형은 <u>자주</u> 라면을 먹는다.

兄(あに)は _____ ラーメンを食(た)べる。

① なかなか　　② よく　　③ とても　　④ 全然(ぜんぜん)

2 보기의 부사를 이용해 문장을 완성해 보세요.

보기 はっきり　ちょうど　早(はや)く　ずっと　ゆっくり

1) 아침부터 <u>계속</u> 머리가 아프다.

朝(あさ)から ＿＿＿＿＿＿＿ 頭(あたま)が痛(いた)い。

2) 토요일과 일요일은 <u>느긋하게</u> 쉬고 싶다.

土日(どにち)は ＿＿＿＿＿＿＿ 休(やす)みたい。

3) 안경을 쓰면 <u>분명히</u> 보인다.

眼鏡(めがね)をかけると ＿＿＿＿＿＿＿ 見(み)える。

4) 지금 <u>정확히</u> 3시입니다.

今(いま)3時(じ) ＿＿＿＿＿＿＿ です。

5) 오늘은 <u>일찍</u> 끝났다.

今日(きょう)は ＿＿＿＿＿＿＿ 終(お)わった。

정답

❶ 1)② 2)① 3)③ 4)④ 5)②

❷ 1)ずっと 2)ゆっくり 3)はっきり 4)ちょうど 5)早(はや)く

3과
의문사

의문사 또한 활용하지 않는 품사입니다. 문장 속에서 사물이나
사태에 대한 의문을 나타낼 때 사용하는 의문대명사, 의문형용사,
의문부사의 총칭입니다.

① 何 (なに·なん) 무엇, 몇

확실하지 않은 것에 대해 묻는 말입니다. 何는 「なに」와 「なん」 두 가지의 읽는 법이 있는데, 기본적으로는 뒤에 오는 소리가 [d], [n], [t]일 때는 「何だ(무엇이냐)」 「何の(무슨)」 「何と(무엇이라고)」와 같이 「なん」으로 읽는 경우가 대부분이며, 그 외에는 「何が(무엇이)」 「何を(무엇을)」 「何も(아무것도)」 「何に(무엇으로)」와 같이 「なに」로 읽습니다.

예 今日は何をしますか。 오늘은 무엇을 합니까?

お仕事は何ですか。 하시는 일은 무엇입니까?

> **단어**
> お仕事(しごと) 하시는 일, 직업

의미적으로 「なに」는 「何色(무슨 색)」 「何部(무슨 부)」와 같이 성질에 관련된 것을 물을 때, 「なん」은 「何月(몇 월)」 「何時(몇 시)」 「何人(몇 명)」 「何歳(몇 살)」 「何番(몇 번)」 등 숫자에 관련된 것을 물을 때 사용하는 경향이 있습니다.

예 何色が好きですか。 무슨 색을 좋아합니까?

今日は何月何日ですか。 오늘은 몇 월 며칠입니까?

> **단어**
> 何月(なんがつ) 몇 월
> 何日(なんにち) 며칠

② 誰 (だれ) 누구

확실하지 않은 사람을 가리키는 말입니다.

예 誰が今日の掃除当番ですか。 누가 오늘 청소 당번입니까?

これは誰のスマホですか。 이것은 누구의 스마트폰입니까?

> **단어**
> 掃除(そうじ) 청소
> 当番(とうばん) 당번

PLUS
「誰」의 정중한 표현으로 「どなた(어느 분)」가 있습니다.

3 いつ 언제

불특정한 때를 가리키는 말입니다.

예 日本語能力試験はいつですか。　일본어능력시험은 언제입니까?

いつ帰ってきますか。　언제 돌아옵니까?

단어
日本語能力試験(にほんごのう
りょくしけん) 일본어능력시험

4 どこ 어디

확실하지 않은 위치나 장소를 묻는 말입니다.

예 すみません。駅はどこですか。　실례합니다. 역은 어디입니까?

中野さんはどこにいますか。　나카노 씨는 어디에 있습니까?

단어
駅(えき) 역
いる 있다

바로 확인하기

① (　　　　　)を食べますか。　무엇을 먹습니까?
② あの人は(　　　　　)ですか。　저 사람은 누구입니까?
③ テストは(　　　　　)ですか。　시험은 언제입니까?
④ (　　　　　)にありますか。　어디에 있습니까?

단어
人(ひと) 사람
テスト 시험
ある 있다

정답 ①何 ②誰 ③いつ ④どこ

5 どれ 어느 것

여러 개, 특히 세 개 이상 중에서 특정할 수 없는 것을 가리키는 말입니다.

예 北村さんのタブレットはどれですか。

기타무라 씨의 태블릿은 어느 것입니까?

この中でどれが一番ほしいですか。

이 중에서 어느 것을 가장 갖고 싶습니까?

단어
タブレット 태블릿
〜中(なか)で ~중에서
一番(いちばん) 가장, 제일
ほしい 갖고 싶다

6 **どちら** 어느 쪽, 어디

보통 두 개 중 하나를 고를 때 사용하는 말입니다. 또한 불특정한 방향이나 장소를 정중하게 나타내는 말이기도 합니다.

 北極と南極とどちらが寒いですか。

북극과 남극 중 어느 쪽이 춥습니까?

どちらへ行かれますか。

어디에 가십니까?

단어

北極(ほっきょく) 북극

南極(なんきょく) 남극

行(い)かれる 가시다(行く의 존경어)

PLUS

가벼운 회화체로「どっち」가 있습니다.

7 **どの** 어느

확실하지 않은 사물, 사람, 정도 등을 나타내는 말입니다.「どの」뒤에는 주로 명사가 오며, 1과에서 배운 조사「くらい」를 붙여「どのくらい(어느 정도)」라는 표현을 쓸 수 있습니다.

예 キムさんはどの人ですか。　김 씨는 어느 사람(여러 사람들 중 누구)입니까?

家から学校までどのくらいかかりますか。　집에서 학교까지 어느 정도 걸립니까?

8 **どんな** 어떤

확실하지 않은 것의 상태, 성질, 정도 등을 나타내는 말입니다.「どの」와 마찬가지로「どんな」뒤에는 주로 명사가 옵니다.

예 イさんはどんな人ですか。　이 씨는 어떤 사람입니까?

納豆はどんな味ですか。　낫토는 어떤 맛입니까?

단어

納豆(なっとう) 낫토

味(あじ) 맛

① パクさんのかばんは(   )ですか。

박 씨의 가방은 <u>어느 것</u>입니까?

② (   )が美味しいですか。 <u>어느 쪽</u>이 맛있습니까?

③ (   )くらいかかりますか。 <u>어느 정도</u> 걸립니까?

④ (   )映画ですか。 <u>어떤</u> 영화입니까?

정답 ①どれ ②どちら ③どの ④どんな

단어

かばん 가방

---

9 **どう** 어떻게

사물의 상태나 방법 등이 확실하지 않거나 특정되지 않은 것에 대해 의문을 나타내는 말입니다.

예 この後どうしますか。 이 다음에 어떻게 합니까?

空港までどうやって行きますか。 공항까지 어떻게 해서 갑니까?

단어

この後(あと) 이 다음, 이후

空港(くうこう) 공항

---

10 **どうして** 어째서, 왜

이유나 원인에 대해 의문을 나타내는 말입니다.

예 どうして連絡してくれなかったんですか。

어째서 연락해 주지 않은 겁니까?

どうして遅れたんですか。 왜 늦은 겁니까?

단어

遅(おく)**れる** 늦다

➕ **PLUS**

조금 더 딱딱한 표현으로는 「なぜ」가, 가벼운 표현으로는 「なんで」가 있습니다.

⑪ いくつ 몇 개, 몇 살

개수나 나이를 묻는 말입니다.

예 コップはいくつありますか。 컵은 몇 개 있습니까?

失礼^{しつれい}ですが、年^{とし}はおいくつですか。

실례입니다만, 나이는 몇 살입니까?

단어
コップ 컵
失礼(しつれい) 실례
年(とし) 나이, 해

┿PLUS

개수와 나이를 묻는 또 다른 의문사로는 각각 「何個^{なんこ}(몇 개)」「何歳^{なんさい}(몇 살)」가 있습니다. 「いくつ」를 사용해 나이를 묻는 경우, 그 대상이 어린아이라면 「いくつ」를 그대로 사용하고, 존댓말을 사용하는 대상이라면 앞에 「お」를 붙여 「おいくつですか(나이가 어떻게 되십니까?)」와 같이 사용하기도 합니다.

⑫ いくら 얼마

가격을 묻는 말입니다.

예 家賃^{やちん}はいくらですか。 집세는 얼마입니까?

全部^{ぜんぶ}でいくらですか。 전부 해서 얼마입니까?

단어
家賃(やちん) 집세
全部(ぜんぶ)で 전부 해서

✎ 바로 확인하기

① (   )やって帰^{かえ}りますか。 어떻게 해서 돌아갑니까?

② (   )飲^のまないですか。 왜 마시지 않습니까?

③ ペンは(   )ありますか。 펜은 몇 개 있습니까?

④ これは(   )ですか。 이것은 얼마입니까?

단어
ペン 펜

정답 ①どう ②どうして ③いくつ ④いくら

의문사	의미
何 ^{なに なん}	무엇, 몇
誰 ^{だれ}	누구
いつ	언제
どこ	어디
どれ	어느 것
どちら	어느 쪽, 어디
どの	어느
どんな	어떤
どう	어떻게
どうして	어째서, 왜
いくつ	몇 개, 몇 살
いくら	얼마

① 다음 빈칸에 들어갈 알맞은 말을 골라 보세요.

1) 저 사람은 <u>누구</u>입니까?

あの人は _____ ですか。

① 何　②どの　③いつ　④誰

2) 화장실은 <u>어디</u>입니까?

トイレは _____ ですか。

① どこ　②どんな　③どの　④どれ

3) 왜 돌아가지 않습니까?

_____ 帰らないんですか。

①いつ　②どうして　③どちら　④いくら

4) 스마트폰은 <u>몇 개</u> 있습니까?

スマホは _____ ありますか。

①何　②いくつ　③いくら　④どう

5) 좋아하는 타입은 <u>무엇</u>입니까?

好きなタイプは _____ ですか。

①いくら　②いつ　③何　④誰

② 보기의 의문사를 이용해 문장을 완성해 보세요.

보기 いくら　どの　いつ　どちら　どんな

1) 일본어능력시험은 <u>어떤</u> 시험입니까?

日本語能力試験は ＿＿＿＿＿＿＿＿＿ 試験ですか。

2) 전철과 버스 중 <u>어느</u> 쪽이 빠릅니까?

電車とバスと ＿＿＿＿＿＿＿＿＿ が速いですか。

3) 쉬는 날은 <u>언제</u>입니까?

休みは ＿＿＿＿＿＿＿＿＿ ですか。

4) 이 태블릿은 <u>얼마</u>입니까?

このタブレットは ＿＿＿＿＿＿＿＿＿ ですか。

5) 학교까지 <u>어느</u> 정도 걸립니까?

学校まで ＿＿＿＿＿＿＿＿＿ くらいかかりますか。

① 1)④　2)①　3)②　4)②　5)③
② 1)どんな　2)どちら　3)いつ　4)いくら　5)どの

4과
접속사

접속사는 문장의 맨 앞에 오는 경우가 대부분으로, 앞뒤의 문절
이나 문장을 연결하는 역할을 합니다. 크게 순접, 역접, 부가, 병
렬, 대비 및 선택, 설명, 전환의 일곱 가지로 나눌 수 있습니다.

❶ [순접] **それで** 그래서

앞 문장의 일이 원인이나 이유가 되어, 뒤 문장에 당연한 결과나 결론이 오는 것을 나타냅니다. 또한 상대가 말한 것에 대한 결과에 대해 질문할 때 사용할 수도 있습니다.

예 朝寝坊^{あさねぼう}した。それで遅刻^{ちこく}した。　늦잠을 잤다. 그래서 지각했다.

それで、これからどうするつもりですか。

그래서 앞으로 어떻게 할 생각입니까?

단어

朝寝坊(あさねぼう)**する** 늦잠 자다

これから 앞으로, 이제부터

〜つもりだ ~할 생각/작정이다

❷ [순접] **だから** 그래서, 그러니까

「それで」와 마찬가지로 기본적으로는 '그래서'라는 순접을 나타냅니다. 다만 「だから」는 강하게 이유를 이야기하는 뉘앙스가 있으며, 뒤에 「〜ましょう(~합시다)」나 「〜なさい(~하세요)」 같은 권유나 명령 표현을 사용할 수 있습니다.

예 田中^{たなか}さんはおしゃべりだ。だから秘密^{ひみつ}は言^いわない方^{ほう}がいい。

다나카 씨는 수다쟁이다. 그래서 비밀은 말하지 않는 편이 좋다.

だから、何度^{なんど}も言^いったでしょ？　그러니까 몇 번이나 말했잖아?

雨^{あめ}が降^ふってきました。だから早^{はや}く帰^{かえ}りましょう。

비가 내립니다. 그러니까 빨리 돌아갑시다.

단어

おしゃべり 수다쟁이

秘密(ひみつ) 비밀

言(い)**う** 말하다

何度(なんど)**も** 몇 번이나, 몇 번이고

⁺PLUS

「朝寝坊^{あさねぼう}した。それで遅刻^{ちこく}した。」와 「朝寝坊^{あさねぼう}した。だから遅刻^{ちこく}した。」는 순접으로서 양쪽 모두 사용할 수 있습니다.

❸ [순접] **すると** 그러자

「すると」는 '그러자'라는 의미로 순접을 나타냅니다.

예 窓を開けた。すると冷たい風が入ってきた。

창문을 열었다. 그러자 차가운 바람이 들어왔다.

단어
窓(まど) 창문 | 開(あ)ける 열다
冷(つめ)たい 차갑다
風(かぜ) 바람
入(はい)る 들어가다, 들어오다

4 [역접] しかし 그러나, 그렇지만, 하지만

앞 문장의 일과 반대되는 일이 뒤 문장에 오는 것을 나타냅니다. 「しかし」는 문어체 또는 다소 딱딱한 회화체입니다.

예 何度も失敗を繰り返した。しかし、諦めなかった。

몇 번이나 실패를 되풀이했다. 그러나 포기하지 않았다.

단어
失敗(しっぱい) 실패, 실수
繰(く)り返(かえ)す 반복하다,
되풀이하다
諦(あきら)める 포기하다

5 [역접] でも 그러나, 그렇지만, 하지만

「でも」도 공통적으로 역접의 기능을 가지고 있습니다. 그러나 「でも」는 회화체입니다.

예 彼はいい人だ。でも、私のタイプではない。

그는 좋은 사람이다. 하지만 내 타입은 아니다.

6 [역접] だが 그러나, 그렇지만, 하지만

「だが」는 역접으로서 문어체 또는 보통체입니다.

예 一生懸命頑張った。だが、試験に落ちた。

열심히 노력했다. 그렇지만 시험에 떨어졌다.

단어
頑張(がんば)る 노력하다, 힘내다
試験(しけん) 시험
落(お)ちる 떨어지다

PLUS

기벼운 회회체로 「だけど」가 있습니다.

✏️ **바로 확인하기**

① 風邪(かぜ)を引(ひ)いた。(　　　　　)学校(がっこう)を休(やす)んだ。

　　감기에 걸렸다. 그래서 학교를 쉬었다.

② (　　　　　)その後(あと)、どうなったの？

　　그래서 그 후에 어떻게 됐어?

③ (　　　　　)やめなさいと言(い)ったでしょ？

　　그러니까 그만두라고 말했잖아?

④ いたずらをした。(　　　　　)母(はは)が大(おお)きい声(こえ)で叱(しか)った。

　　장난을 쳤다. 그러자 엄마가 큰 소리로 야단쳤다.

⑤ お腹(なか)がすいた。(　　　　　)何(なに)も食(た)べたくない。

　　배가 고프다. 그러나 아무것도 먹고 싶지 않다.

정답 ①それで/だから　②それで　③だから　④すると　⑤しかし/でも/だが

단어

風邪(かぜ)を引(ひ)く 감기에 걸리다

その後(あと) 그 후에

なる 되다

やめる 그만두다

いたずらをする 장난을 치다

大(おお)きい 크다

叱(しか)る 야단치다, 꾸짖다

お腹(なか)が空(す)く 배가 고프다

何(なに)も 아무것도

---

7 [부가] **そして** 그리고

앞 문장의 일에 뒤 문장의 일을 추가하는 것을 나타냅니다.

예 今日(きょう)は買(か)い物(もの)をした。そして、映画(えいが)を見(み)た。

　　오늘은 쇼핑을 했다. 그리고 영화를 봤다.

단어

買(か)い物(もの) 쇼핑

---

8 [부가] **それから** 그리고, 그리고 나서, 그 다음에

「それから」는 부가의 의미를 가지고 있어서 앞뒤 문장의 일의 순서를 나타낼 수 있습니다. 그러나 「それから」의 경우, 앞 문장의 일 다음으로 뒤 문장의 일을 한다는 것, 즉 시간적 변화를 나타냅니다.

예 まず銀行(ぎんこう)に行(い)った。それから郵便局(ゆうびんきょく)に行(い)った。

　　먼저 은행에 갔다. 그리고 나서 우체국에 갔다.

단어

まず 우선, 먼저

郵便局(ゆうびんきょく) 우체국

+PLUS

「3時に宿題をした。そして 8時にご飯を食べた。(3시에 숙제를 했다. 그리고 8시에 밥을 먹었다.)」는 자연스러운 문장이지만, 두 행동 사이의 시간이 떨어져 있으므로「3時に宿題をした。それから 8時にご飯を食べた。(3시에 숙제를 했다. 그러고 나서 8시에 밥을 먹었다.)」의「それから」는 어색한 느낌이 듭니다.

⑨ [부가] それに 게다가, 그런데도

「それに」는 '게다가, 그런데도'라는 의미로 부가를 나타냅니다.

예 横田さんは頭がいい。それに性格もいい。

요코타 씨는 머리가 좋다. 게다가 성격도 좋다.

⑩ [병렬] また 또

어떤 사항을 병렬하거나 열거할 때 사용합니다. 또한 별도의 사항을 추가할 때도 사용합니다.

예 誕生日プレゼントをもらった。また、ケーキも食べた。

생일 선물을 받았다. 또 케익도 먹었다.

息子と同じように娘もまた東大に行った。

아들과 마찬가지로 딸도 또 도쿄대에 갔다.

母は先生でもあり、また主婦でもある。

어머니는 선생님이기도 하고 또 주부이기도 하다.

단어

誕生日(たんじょうび) 생일
プレゼント 선물
もらう 받다
同(おな)じように 마찬가지로
東大(とうだい) 도쿄 대학
〜でもあり、〜でもある
~이기도 하고 ~이기도 하다
主婦(しゅふ) 주부

⑪ [대비·선택] **それとも** 그렇지 않으면, 아니면

앞 문장의 사항과 뒤 문장의 사항 중 어느 쪽인가를 고르는 것을 나타냅니다. 특히 어느 쪽을 선택할지 직접 묻는 뉘앙스입니다.

예 飲み物はお茶にしますか。それともコーヒーにしますか。

음료는 차로 하겠습니까? 아니면 커피로 하겠습니까?

단어
飲(の)み物(もの) 음료
〜にする ~으로 하다

⑫ [대비·선택] **または** 또는, 혹은, 그게 아니면

「または」는 선택지를 주고 이 중에서 좋다고 생각하는 것을 선택하도록 하는 뉘앙스입니다. 또한 둘 중 적어도 하나는 성립한다는 것을 나타내기도 합니다.

예 連絡は電話、またはメールでお願いします。

연락은 전화, 또는 메일로 부탁드립니다.

今回の発表会には、父、または母が来ます。

이번 발표회에는 아버지, 또는 어머니가 옵니다.

단어
電話(でんわ) 전화
発表会(はっぴょうかい) 발표회

✏️ 바로 확인하기

① お風呂に入った。(   )テレビを見た。

목욕을 했다. <u>그리고</u> 텔레비전을 봤다.

② このレストランは安い。(   )料理も美味しい。

이 레스토랑은 싸다. <u>게다가</u> 요리도 맛있다.

③ 彼は日本語が話せる。(   )韓国語も話せる。

그는 일본어를 할 수 있다. <u>또</u> 한국어도 할 수 있다.

④ 現金にしますか。(   )カードにしますか。

현금으로 하겠습니까? <u>아니면</u> 카드로 하겠습니까?

⑤ 鉛筆、(   )ボールペンで書いてください。

연필, <u>또는</u> 볼펜으로 써 주세요.

단어
お風呂(ふろ)に入(はい)る 목욕을 하다
テレビ 텔레비전
話(はな)す 이야기할 수 있다(話す 의 가능형)
韓国語(かんこくご) 한국어
現金(げんきん) 현금
カード 카드
鉛筆(えんぴつ) 연필
ボールペン 볼펜
書(か)く 쓰다, 적다

정답 ①そして / それから ②それに ③また ④それとも ⑤または

⑬ [설명] つまり 즉, 요컨대

앞 문장의 일에 관해 설명하거나 부족한 부분을 채울 때 사용합니다.

예 この子は私の妹の娘、つまり姪です。

이 아이는 제 여동생의 딸, 즉 조카딸입니다.

⑭ [설명] なぜなら 왜냐하면

어떤 일의 원인이나 이유를 설명할 때 사용합니다.

예 私は夏が嫌いです。なぜなら、蒸し暑いからです。

저는 여름을 싫어합니다. 왜냐하면 무덥기 때문입니다.

⑮ [설명] 例えば 예를 들면, 예컨대

구체적인 예를 들어 설명할 때 사용합니다.

**예 夫は春の野菜、例えば、キャベツやセロリなどが
好きです。**

남편은 봄 채소, 예를 들면 양배추나 샐러리 등을 좋아합니다.

⑯ [전환] それでは 그러면

어떤 일을 그 시점에서 시작하거나 끝낼 때 사용합니다.

예 それでは、発表を始めます。

그러면 발표를 시작하겠습니다.

⑰ [전환] ところで 그런데, 그것은 그렇다 하고

화제를 바꿀 때 사용합니다.

(예) 今日寒いですね。ところで、髪切りましたか。

오늘 춥네요. 그런데 머리 잘랐습니까?

단어

髪(かみ) 머리카락

切(き)る 자르다, 끊다

🖊 바로 확인하기

① 今は午後12時、(　　　　)正午です。

지금은 오후 12시, 요컨대 정오입니다.

② 私は反対です。(　　　　)コストが高いからです。

저는 반대입니다. 왜냐하면, 원가가 비싸기 때문입니다.

③ 大豆から作られる食べ物、(　　　　)納豆などは体にいい。

콩으로 만들어진 음식, 예를 들어 낫토 등은 몸에 좋다.

④ (　　　　)、今日はここまでにしましょう。

그러면 오늘은 여기까지 합시다.

⑤ これ美味しいね。(　　　　)、レポートは出した？

이것 맛있네. 그런데 리포트는 냈어?

정답 ① つまり　② なぜなら　③ 例えば　④ それでは　⑤ ところで

단어

午後(ごご) 오후

正午(しょうご) 정오

反対(はんたい) 반대

コスト 원가

大豆(だいず) 콩

作(つく)られる 만들어지다

食(た)べ物(もの) 음식

体(からだ)にいい 몸에 좋다

ここ 여기, 이곳

レポート 리포트

出(だ)す 내다, 제출하다

접속사	의미
それで	그래서
だから	그래서, 그러니까
すると	그러자
しかし	그러나, 그렇지만, 하지만
でも	그러나, 그렇지만, 하지만
だが	그러나, 그렇지만, 하지만
そして	그리고
それから	그리고, 그러고 나서, 그 다음에
それに	게다가, 그런데도
また	또
それとも	그렇지 않으면, 아니면
または	또는, 혹은, 그게 아니면
つまり	즉, 요컨대
なぜなら	왜냐하면
例えば	예를 들면, 예컨대
それでは	그러면
ところで	그런데, 그것은 그렇다 하고

1 다음 빈칸에 들어갈 알맞은 말을 골라 보세요.

1) 오늘은 저의 생일입니다. <u>그래서</u> 선물을 받았습니다.

今日は私の誕生日です。＿＿＿＿ プレゼントをもらいました。

① つまり　　② だが　　③ だから　　④ それとも

2) 저는 채소를 싫어합니다. <u>그러나</u> 샐러리는 좋아합니다.

私は野菜が嫌いです。＿＿＿＿ セロリは好きです。

① または　　② それに　　③ ところで　　④ しかし

3) 어제는 우체국에 갔습니다. <u>그리고</u> 머리를 잘랐습니다.

昨日は郵便局に行きました。＿＿＿＿ 髪を切りました。

① それから　　② そして　　③ だが　　④ すると

4) 오늘은 케이크를 먹었다. <u>또</u> 차도 마셨다.

今日はケーキを食べた。＿＿＿＿ お茶も飲んだ。

① また　　② それで　　③ でも　　④ それでは

5) 이 레스토랑 비싸네요. <u>그런데</u> 오늘은 몇 시에 돌아갑니까?

このレストラン高いですね。＿＿＿＿ 今日は何時に帰りますか。

① だから　　② ところで　　③ それとも　　④ それに

66

2 보기의 접속사를 이용해 문장을 완성해 보세요.

보기 それとも　それから　それでは　つまり　または

1) 오늘은 집에서 텔레비전을 봤다. <u>그러고 나서</u> 숙제를 했다.

今日_{きょう}は家_{いえ}でテレビを見_みた。＿＿＿＿＿＿＿宿題_{しゅくだい}をした。

2) 먼저 목욕을 하겠습니까? <u>아니면</u> 밥으로 하겠습니까?

まず、お風呂_{ふろ}にしますか。＿＿＿＿＿＿＿ご飯_{はん}にしますか。

3) 그녀는 어머니의 오빠의 딸입니다. <u>요컨대</u> 사촌입니다.

彼女_{かのじょ}は母_{はは}の兄_{あに}の娘_{むすめ}です。＿＿＿＿＿＿＿いとこです。

4) 오늘은 버스, <u>또는</u> 전철로 돌아갑니다.

今日_{きょう}はバス、＿＿＿＿＿＿＿電車_{でんしゃ}で帰_{かえ}ります。

5) <u>그러면</u>, 먼저 실례하겠습니다.

＿＿＿＿＿＿＿、お先_{さき}に失礼_{しつれい}します。

5과
명사

명사는 사물의 명칭을 나타내는 품사로, 상태, 성질, 존재 등과 같은 개념을 나타내는 단어를 가리킵니다. 의미상으로 크게 「猫(고양이)」, 「図書館(도서관)」, 「コンビニ(편의점)」와 같은 보통명사, 「日本(일본)」, 「宮崎駿(미야자키 하야오)」, 「富士山(후지산)」과 같은 고유명사, 「愛(사랑)」, 「希望(희망)」, 「ヒーロー(영웅)」와 같은 추상명사로 분류를 할 수 있습니다.

❶ 명사의 현재긍정형

명사의 현재긍정형은 보통체의 경우 명사 뒤에 「だ」를, 정중체의 경우는 「です」를 붙이면 됩니다.
의미는 각각 '~이다', '~입니다'입니다.

보통체 猫 + だ
ねこ
고양이다

정중체 猫 + です
ねこ
고양이입니다

예　あそこは図書館だ。　저기는 도서관이다.
　　　　　　と しょかん

彼は私の弟だ。　그는 나의 남동생이다.
かれ わたし おとうと

今日は子供の日です。　오늘은 어린이날입니다.
きょう こ ども ひ

これは風邪薬です。　이것은 감기약입니다.
か ぜ ぐすり

단어
あそこ 저기, 저곳
彼(かれ) 그
弟(おとうと) 남동생
子供(こども)の日(ひ) 어린이날
風邪薬(かぜぐすり) 감기약

⁺PLUS

일본어의 문체는 크게 보통체와 정중체로 나뉩니다. 보통체는 리포트, 신문 사설, 일기 등을 적을 때 또
는 친구나 가족, 동기나 후배 등과 같은 사람을 대상으로 소위 반말로 말할 때 사용합니다. 반면, 정중체
는 윗사람이나 친하지 않은 사람과 대화하거나 격식 차린 자리, 편지 등에서 듣는 사람이나 읽는 사람에
대해 경의를 나타낼 때 사용합니다.

② 명사의 과거긍정형

명사의 과거긍정형은 보통체의 경우 명사 뒤에 「だった」를, 정중체의 경우는 「でした」를 붙이면
됩니다. 의미는 각각 '~이었다', '~이었습니다'입니다.

보통체 猫ねこ + だった
고양이였다

정중체 猫ねこ + でした
고양이였습니다

예 ここは昔むかしは小学校しょうがっこうだった。　여기는 옛날에는 초등학교였다.

私わたしは子供こどもの頃ころ、泣なき虫むしだった。　나는 어린 시절 울보였다.

先週せんしゅうの日曜日にちようびは父ちちの日ひでした。

지난주 일요일은 아버지의 날이었습니다.

今日きょうの昼ひるご飯はんはラーメンでした。

오늘 점심밥은 라면이었습니다.

단어

ここ 여기, 이곳

昔(むかし) 옛날

小学校(しょうがっこう) 초등학교

子供(こども)の頃(ころ) 어린 시절

泣(な)き虫(むし) 울보

先週(せんしゅう) 지난주

父(ちち)の日(ひ) 아버지의 날

昼(ひる)ご飯(はん) 점심밥

ラーメン 라면

+PLUS

일반적으로 과거긍정의 경우 'だった+です'와 같은 조합은 사용하지 않습니다.

③ 명사의 현재부정형

명사의 현재부정형은 보통체의 경우 명사 뒤에「ではない」나「じゃない」를, 정중체의 경우는 명사 뒤에「ではありません / じゃありません / ではないです / じゃないです」를 붙이면 됩니다. 의미는 각각 '~이/가 아니다', '~이/가 아닙니다'입니다.

보통체

猫(ねこ) + ではない
じゃない

고양이가 아니다

정중체

猫(ねこ) + ではありません
じゃありません
ではないです
じゃないです

고양이가 아닙니다

예 あれは富士山(ふじさん)ではない。 　저것은 후지산이 아니다.

それは姉(あね)の眼鏡(めがね)ではありません。 　그것은 누나의 안경이 아닙니다.

今日(きょう)は休(やす)みじゃありません。 　오늘은 휴일이 아닙니다.

兄(あに)は大学生(だいがくせい)じゃないです。 　오빠는 대학생이 아닙니다.

단어

富士山(ふじさん) 후지산

姉(あね) 언니, 누나

眼鏡(めがね) 안경

休(やす)み 휴일

兄(あに) 오빠, 형

大学生(だいがくせい) 대학생

PLUS

비슷한 표현이 여러 개 있을 때는 길수록 딱딱한 정중체이고, 짧을수록 가벼운 일상 회화체라고 생각하면 쉽습니다. 따라서 'ではありません > じゃありません > ではないです > じゃないです'의 순으로, 그리고 'ではない > じゃない'의 순으로 '딱딱한 정중한 표현 > 가벼운 일상 회화 표현'으로 이해할 수 있습니다.

④ 명사의 과거부정형

명사의 과거부정형은 보통체의 경우 명사 뒤에 「ではなかった」나 「じゃなかった」를, 정중체의 경우는 명사 뒤에 「ではありませんでした / じゃありませんでした / ではなかったです / じゃなかったです」를 붙이면 됩니다. 의미는 각각 '~이/가 아니었다', '~이/가 아니었습니다'입니다.

> **보통체** 猫(ねこ) + ではなかった
> じゃなかった
>
> 고양이가 아니었다
>
> **정중체** 猫(ねこ) + ではありませんでした
> じゃありませんでした
> ではなかったです
> じゃなかったです
>
> 고양이가 아니었습니다

예 友(とも)だちの話(はなし)は嘘(うそ)ではなかった。　친구의 이야기는 거짓이 아니었다.

送料(そうりょう)は無料(むりょう)ではありませんでした。　배송료는 무료가 아니었습니다.

あれは子供(こども)向(む)けの映画(えいが)ではなかったです。

그것은 어린이용 영화가 아니었습니다.

彼女(かのじょ)は私(わたし)のタイプじゃなかったです。

그녀는 나의 타입이 아니었습니다.

단어

話(はなし) 이야기

嘘(うそ) 거짓, 거짓말

送料(そうりょう) 배송료

無料(むりょう) 무료

子供(こども)向(む)け 어린이용

映画(えいが) 영화

彼女(かのじょ) 그녀, 여자 친구

➕ PLUS

마찬가지로 비슷한 표현이 여러 개 있을 때는 길수록 딱딱한 정중체이고, 짧을수록 가벼운 일상 회화체라고 볼 수 있기 때문에, 'ではありませんでした > じゃありませんでした > ではなかったです > じゃなかったです'의 순으로, 'ではなかった > じゃなかった'의 순으로 '딱딱한 정중한 표현 > 가벼운 일상 표현'으로 이해하면 됩니다.

+PLUS

앞서 배운 정중체의 말끝에 「か」를 붙이면 「~ですか(~입니까?)」 「~ではありませんか(~이/가 아닙니까?)」 「~でしたか(~이었습니까?)」 「~ではありませんでしたか(~이/가 아니었습니까?)」와 같은 의문문이 됩니다.

❺ 명사의 연결형

문장을 연결할 때, 명사 뒤에 「で」를 붙이면 됩니다. 의미는 '~이고'입니다.

猫_{ねこ} + で

고양이이고

예 父は銀行員で、母は公務員です。

아버지는 은행원이고 어머니는 공무원입니다.

こちらは入口で、あちらは出口です。

이쪽은 입구이고 저쪽은 출구입니다.

단어
銀行員(ぎんこういん) 은행원
公務員(こうむいん) 공무원
入口(いりぐち) 입구
出口(でぐち) 출구

바로 확인하기

① 学生(　　　　)。 학생입니다.
② 夢(　　　　)。 꿈이었다.
③ パソコン(　　　　)ありません。 컴퓨터가 아닙니다.
④ 病気じゃありません(　　　　)。 병이 아니었습니다.
⑤ 私は大学生(　　　　)、妹は高校生です。

저는 대학생이고 여동생은 고등학생입니다

단어
学生(がくせい) 학생
夢(ゆめ) 꿈
パソコン 컴퓨터
病気(びょうき) 병
妹(いもうと) 여동생
高校生(こうこうせい) 고등학생

정답 ①です ②だった ③では/じゃ ④でした ⑤で

74

형태	활용 방법
명사의 현재긍정형 -보통체	**명사 + だ** 예 学生^{がくせい}だ。　학생이다.
명사의 현재긍정형 -정중체	**명사 + です** 예 学生^{がくせい}です。　학생입니다.
명사의 과거긍정형 -보통체	**명사 + だった** 예 学生^{がくせい}だった。　학생이었다.
명사의 과거긍정형 -정중체	**명사 + でした** 예 学生^{がくせい}でした。　학생이었습니다.
명사의 현재부정형 -보통체	**명사 + ではない / じゃない** 예 学生^{がくせい}ではない。　학생이 아니다.
명사의 현재부정형 -정중체	**명사 + ではありません / じゃありません** **ではないです / じゃないです** 예 学生^{がくせい}ではありません。　학생이 아닙니다.
명사의 과거부정형 -보통체	**명사 + ではなかった / じゃなかった** 예 学生^{がくせい}ではなかった。　학생이 아니었다.
명사의 과거부정형 -정중체	**명사 + ではありませんでした / じゃありませんでした** **ではなかったです / じゃなかったです** 예 学生^{がくせい}ではありませんでした。　학생이 아니었습니다.
명사의 연결형	**명사 + で** 예 学生^{がくせい}で　학생이고

① 다음 빈칸에 들어갈 알맞은 말을 골라 보세요.

1) 나는 대학생이다.

私は大学生 _____ 。

① で   ② だ   ③ では   ④ じゃ

2) 여기는 옛날에는 도서관이었다.

ここは昔は図書館 _____ 。

① です   ② ない   ③ じゃない   ④ だった

3) 남동생은 대학생이고, 언니는 은행원입니다.

弟は大学生 _____ 、姉は銀行員です。

① で   ② も   ③ は   ④ と

② 보기의 단어를 이용해 문장을 완성해 보세요.

보기 嘘(거짓, 거짓말)   眼鏡(안경)   子供の日(어린이날)

1) 아버지의 이야기는 거짓말이었습니다.

父の話は _____ 。

2) 저의 안경이 아닙니다.

私の _____ 。

3) 어제는 어린이날이 아니었다.

昨日は _____ 。

③ ＿＿★ 에 들어갈 말로 1, 2, 3, 4에서 가장 알맞은 것을 골라 보세요.

1) ＿＿＿ ＿★＿ ＿＿＿ ＿＿＿ない<ruby>です<rt></rt></ruby>。

　　① は　　② じゃ　　③ <ruby>父<rt>ちち</rt></ruby>の<ruby>日<rt>ひ</rt></ruby>　　④ <ruby>今日<rt>きょう</rt></ruby>

2) <ruby>先週<rt>せんしゅう</rt></ruby>＿＿＿ ＿＿＿ ＿★＿ ＿＿＿でした。

　　① <ruby>休<rt>やす</rt></ruby>み　　② じゃ　　③ は　　④ ありません

3) <ruby>私<rt>わたし</rt></ruby>の ＿★＿ ＿＿＿ ＿＿＿ ＿＿＿だった。

　　① <ruby>泣<rt>な</rt></ruby>き<ruby>虫<rt>むし</rt></ruby>　　② は　　③ <ruby>友<rt>とも</rt></ruby>だち　　④ <ruby>子供<rt>こども</rt></ruby>の<ruby>頃<rt>ころ</rt></ruby>

정답

❶ 1)②　2)④　3)①
❷ 1) <ruby>嘘<rt>うそ</rt></ruby>でした
　　2) <ruby>眼鏡<rt>めがね</rt></ruby>ではありません / じゃありません / ではないです / じゃないです
　　3) <ruby>子供<rt>こども</rt></ruby>の<ruby>日<rt>ひ</rt></ruby>ではなかった / じゃなかった
❸ 1)①　2)②　3)③

6과
な형용사

형용사는 사물의 성질이나 상태를 나타내는 품사입니다. 일본어의 형용사는 활용법에 따라 크게 な형용사와 い형용사로 나뉩니다. な형용사는 「好きだ(좋아하다)」 「親切だ(친절하다)」와 같이 단어의 마지막 글자가 「だ」로 끝나는 형용사인데, 명사를 수식할 때 마지막 글자인 「だ」가 「な」로 바뀌기 때문에 な형용사라고 합니다. 일본의 국어 문법에서는 형용동사라고 불리기도 합니다.

① な형용사의 현재긍정형

な형용사의 활용형은 명사와 같습니다. な형용사의 현재긍정형은 보통체의 경우 원형 그대로이며, 정중체의 경우는 「だ」를 삭제한 후 「です」를 붙이면 됩니다. 의미는 각각 '~하다', '~합니다'입니다.

보통체 　親切_{しんせつ}だ

　親切だ
　친절하다

정중체 　親切_{しんせつ}だ + です

　친절합니다

예 私_{わたし}はサッカーが好_すきだ。　나는 축구를 좋아한다.

兄_{あに}の部屋_{へや}はとてもきれいだ。　형의 방은 매우 깨끗하다.

明日_{あした}は休_{やす}みなので、暇_{ひま}です。　내일은 휴일이라 한가합니다.

この辺_{へん}は住宅街_{じゅうたくがい}なので静_{しず}かです。　이 근처는 주택가라서 조용합니다.

단어
サッカー 축구
とても 매우, 도저히
きれいだ 깨끗하다, 예쁘다
〜(な)ので ~이기 때문에
暇(ひま)だ 한가하다
この辺(へん) 이 근처, 이 주변
住宅街(じゅうたくがい) 주택가
静(しず)かだ 조용하다

PLUS

な형용사에는 특별히 조사에 주의해야 하는 단어들이 있습니다. 「好_すきだ(좋아하다)」「嫌_{きら}いだ(싫어하다)」「上手_{じょうず}だ(잘하다, 능숙하다)」「下手_{へた}だ(잘 못하다)」「得意_{とくい}だ(잘하다, 자신 있다)」「苦手_{にがて}だ(서투르다)」가 그것인데요. 이 단어들의 경우에는 앞에 한국어의 '~을/를'에 해당하는 조사 「を」를 사용하지 않고 '~이/가'에 해당하는 조사 「が」를 사용한다는 특징이 있습니다.

80

② な형용사의 과거긍정형

な형용사의 과거긍정형은 보통체와 정중체 모두 「だ」를 삭제한 후, 각각 뒤에 「だった」와 「でした」를 붙이면 됩니다. 의미는 각각 '~했다', '~했습니다'입니다.

> **보통체** 親切<del>だ</del>+ だった
> 친절했다
>
> **정중체** 親切<del>だ</del>+ でした
> 친절했습니다

예 テストは思ったより簡単だった。　시험은 생각한 것보다 간단했다.

中学校までは数学が得意だった。　중학교까지는 수학을 잘했다.

子供の頃は野菜が嫌いでした。

어린 시절에는 채소를 싫어했습니다.

昨日のお祭りは、とても賑やかでした。

어제의 축제는 매우 번화했습니다.

단어

思(おも)ったより 생각한 것보다
簡単(かんたん)だ 간단하다
中学校(ちゅうがっこう) 중학교
〜までは ~까지는
数学(すうがく) 수학
お祭(まつ)り 축제
賑(にぎ)やかだ 번화하다, 번잡하다

PLUS

명사와 마찬가지로, 과거긍정의 경우 'だった+です'와 같은 조합은 사용하지 않습니다.

③ な형용사의 현재부정형

な형용사의 현재부정형은 보통체와 정중체 모두 「だ」를 삭제한 후, 각각 뒤에 「ではない / じゃない」 또는 「ではありません / じゃありません / ではないです / じゃないです」를 붙이면 됩니다. 의미는 각각 '~하지 않다', '~하지 않습니다'입니다.

보통체

親切だ + ではない
じゃない

친절하지 않다

정중체

親切だ + ではありません
じゃありません
ではないです
じゃないです

친절하지 않습니다

예 データ量がまだ十分ではない。 데이터 양이 아직 충분하지 않다.

機械翻訳は完璧じゃない。 기계 번역은 완벽하지 않다.

どんな経験も決して無駄ではありません。

어떤 경험도 결코 헛되지 않습니다.

彼はあまり歌が上手じゃありません。

그는 그다지 노래를 잘하지 않습니다.

단어

データ量(りょう) 데이터 양

まだ 아직

十分(じゅうぶん)**だ** 충분하다

機械(きかい) 기계

翻訳(ほんやく) 번역

完璧(かんぺき)**だ** 완벽하다

経験(けいけん) 경험

決(けっ)**して** 결코

無駄(むだ)**だ** 헛되다, 쓸데없다

あまり 너무, 그다지, 별로

歌(うた) 노래

④ な형용사의 과거부정형

な형용사의 과거부정형은 보통체와 정중체 모두 「だ」를 삭제한 후, 각각 뒤에 「ではなかった / じゃ なかった」 또는 「ではありませんでした / じゃありませんでした / ではなかったです / じゃな かったです」를 붙이면 됩니다. 의미는 각각 '~하지 않았다', '~하지 않았습니다'입니다.

> **보통체** 親切だ⑥+ ではなかった
> じゃなかった
>
> 친절하지 않았다
>
> **정중체** 親切だ⑥+ ではありませんでした
> じゃありませんでした
> ではなかったです
> じゃなかったです
>
> 친절하지 않았습니다

예 手続きは思ったより面倒ではなかった。

수속은 생각한 것보다 귀찮지 않았다.

彼女は想像していたより派手じゃなかった。

그녀는 상상한 것보다 화려하지 않았다.

妹は元々あまり体が丈夫ではありませんでした。

여동생은 원래 그다지 몸이 튼튼하지 않았습니다.

仕事は全然大変じゃありませんでした。

일은 전혀 힘들지 않았습니다.

단어

手続(てつづ)き 수속

面倒(めんどう)だ 귀찮다, 성가시다

想像(そうぞう)する 상상하다

派手(はで)だ 화려하다

元々(もともと) 원래

体(からだ) 몸

丈夫(じょうぶ)だ 튼튼하다

全然(ぜんぜん) 전혀

大変(たいへん)だ 힘들다, 큰일이다

PLUS

비슷한 표현이 여러 개 있을 때는 명사의 경우와 같이 길수록 정중도가 높아지며, 말끝에 「か」를 붙여 의문문을 만들 수 있습니다.

❺ **な형용사의 명사수식형**

な형용사의 「だ」를 삭제한 후 「な」를 붙이면 명사를 수식할 수 있습니다. 의미는 '~한'입니다.

親切<ruby>だ<rt>しんせつ</rt></ruby>+ **な**

친절한

예 素敵な人になりたい。 멋진 사람이 되고 싶다.

父は有名な野球選手です。 아버지는 유명한 야구선수입니다.

단어
素敵(すてき)**だ** 멋지다, 근사하다
~になりたい ~이/가 되고싶다
有名(ゆうめい)**だ** 유명하다
野球(やきゅう) 야구
選手(せんしゅ) 선수

+PLUS

명사를 부정형으로 수식하고자 할 때는 「親切ではない人(친절하지 않은 사람)」「親切ではなかった人(친절하지 않았던 사람)」와 같이 현재나 과거부정형 그대로 명사에 접속하면 됩니다.

❻ **な형용사의 연결형**

な형용사는 문장을 연결할 때, 「だ」를 삭제한 후 「で」를 붙이면 됩니다. 의미는 '~하고'입니다.

親切<ruby>だ<rt>しんせつ</rt></ruby>+ **で**

친절하고

예 阿部さんは真面目で、親切です。

아베 씨는 성실하고 친절합니다.

彼女は平凡で、地味です。 그녀는 평범하고 수수합니다.

단어
真面目(まじめ)**だ** 성실하다, 진지하다
平凡(へいぼん)**だ** 평범하다
地味(じみ)**だ** 수수하다

➐ な형용사의 부사형

な형용사의 「だ」를 삭제한 후 「に」를 붙이면 부사가 됩니다. 의미는 '~하게, ~히'입니다.

親切だ⁶ + に
친절하게

예 手をきれいに洗いましょう。　손을 깨끗하게 씻읍시다.

단어
手(て) 손
洗(あら)う 씻다

PLUS

「同じだ(같다)」는 예외로, 명사를 수식할 때 「同じ人(같은 사람)」와 같이 「な」를 붙이지 않습니다. 또한 부사형은 「同じように(같게)」와 같이 「よう」를 붙입니다.

 **바로 확인하기**

① 大丈夫(　　　　)。　괜찮습니다.

② 残念(　　　　)。　유감이었습니다.

③ 有名じゃ(　　　　)。　유명하지 않습니다.

④ 幸せでは(　　　　)。　행복하지 않았다.

⑤ 便利(　　　)アプリ。　편리한 어플.

⑥ 彼はハンサム(　　　　)、おしゃれです。

그는 핸섬하고 멋쟁이입니다.

⑦ 上手(　　　)歌う。　능숙하게 노래하다.

단어
大丈夫(だいじょうぶ)だ 괜찮다
残念(ざんねん)だ 유감이다
幸(しあわ)せだ 행복하다
便利(べんり)だ 편리하다
アプリ 어플
ハンサムだ 핸섬하다
おしゃれだ 멋쟁이다
歌(うた)う 노래하다

정답 ①です ②でした ③ありません / ないです ④なかった ⑤な ⑥で ⑦に

형태	활용 방법
な형용사의 현재긍정형 -보통체	**な형용사(だ)** 예 立派だ。 훌륭하다.
な형용사의 현재긍정형 -정중체	**な형용사(だ) + です** 예 立派です。 훌륭합니다.
な형용사의 과거긍정형 -보통체	**な형용사(だ) + だった** 예 立派だった。 훌륭했다.
な형용사의 과거긍정형 -정중체	**な형용사(だ) + でした** 예 立派でした。 훌륭했습니다.
な형용사의 현재부정형 -보통체	**な형용사(だ) + ではない / じゃない** 예 立派ではない。 훌륭하지 않다.
な형용사의 현재부정형 -정중체	**な형용사(だ) + ではありません / じゃありません** **ではないです / じゃないです** 예 立派ではありません。 훌륭하지 않습니다.
な형용사의 과거부정형 -보통체	**な형용사(だ) + ではなかった / じゃなかった** 예 立派ではなかった。 훌륭하지 않았다.
な형용사의 과거부정형 -정중체	**な형용사(だ) + ではありませんでした / じゃありませんでした** **ではなかったです / じゃなかったです** 예 立派ではありませんでした。 훌륭하지 않았습니다.

な형용사의 명사수식형	**な형용사(だ) + な** ⑩ 立派な人 훌륭한 사람 ＊同じ人 같은 사람
な형용사의 연결형	**な형용사(だ) + で** ⑩ 立派で 훌륭하고
な형용사의 부사형	**な형용사(だ) + に** ⑩ 立派に 훌륭하게 ＊同じように 같게

1 다음 빈칸에 들어갈 알맞은 말을 골라 보세요.

1) 어린 시절에는 수학을 싫어<u>했다</u>.

子供の頃は数学が嫌い＿＿＿。

① だ　② です　③ じゃない　④ だった

2) 이 근처는 조용<u>하고</u> 깨끗합니다.

この辺は静か＿＿＿、きれいです。

① で　② な　③ も　④ と

3) 매우 간단<u>한</u> 시험입니다.

とても簡単＿＿＿テストです。

① の　② で　③ な　④ だ

2 보기의 단어를 이용해 문장을 완성해 보세요.

보기 大変だ(힘들다, 큰일이다)　　得意だ(잘하다, 자신 있다)　　十分だ(충분하다)

1) 저는 야구를 <u>잘합니다</u>.

私は野球が ＿＿＿＿＿＿＿＿＿＿＿＿＿＿＿＿＿＿＿。

2) 이 일은 <u>힘들지 않습니다</u>.

この仕事は ＿＿＿＿＿＿＿＿＿＿＿＿＿＿＿＿＿＿。

3) 경험은 <u>충분하지 않았습니다</u>.

経験は ＿＿＿＿＿＿＿＿＿＿＿＿＿＿＿＿＿＿＿。

③ ___★___ 에 들어갈 말로 1, 2, 3, 4에서 가장 알맞은 것을 골라 보세요.

1) 昨日(きのう) ＿＿＿＿ ＿＿＿＿ ＿★＿ ＿＿＿＿ です。

    ① 暇(ひま)   ② は   ③ なかった   ④ じゃ

2) 野菜(やさい)は ＿★＿ ＿＿＿＿ ＿＿＿＿ ＿＿＿＿ です。

    ① ない   ② あまり   ③ じゃ   ④ 好(す)き

3) 彼女(かのじょ)は ＿＿＿＿ ＿★＿ ＿＿＿＿ ＿＿＿＿ 人(ひと)です。

    ① 親切(しんせつ)   ② な   ③ で   ④ 真面目(まじめ)

7과
い형용사

일본어의 형용사는 활용법에 따라 크게 な형용사와 い형용사로 나뉘는데, 그중 い형용사는 「美味しい(맛있다)」, 「優しい(상냥하다)」와 같이 단어의 마지막 글자가 「い」로 끝나는 형용사를 가리킵니다. 일본의 국어 문법에서는 형용사라고 불리기도 합니다.

1 い형용사의 현재긍정형

い형용사의 현재긍정형은 보통체의 경우 원형 그대로이며, 정중체의 경우는 원형에 「です」를 붙이면 됩니다. 의미는 각각 '~하다', '~합니다'입니다.

보통체 **美味しい**
おいしい
맛있다

정중체 **美味しい + です**
おいしい
맛있습니다

예 今日は本当に蒸し暑い。
きょう　ほんとう　　む　あつ

오늘은 정말 무덥다.

最近、何だか体がだるい。
さいきん　なん　　からだ

요즘 어쩐지 몸이 나른하다.

韓国のラーメンは辛いです。
かんこく　　　　　　から

한국의 라면은 맵습니다.

私の母はとても厳しいです。
わたし　はは　　　　　　きび

저의 어머니는 매우 엄격합니다.

단어

本当(ほんとう)**に** 정말로, 참으로
蒸(む)**し暑**(あつ)**い** 무덥다
何(なん)**だか** 왜 그런지, 어쩐지
だるい 나른하다
韓国(かんこく) 한국
辛(から)**い** 맵다
厳(きび)**しい** 엄격하다

② い형용사의 과거긍정형

い형용사의 과거긍정형은 보통체와 정중체 모두 「い」를 삭제한 후, 각각 뒤에 「かった」와 「かったです」를 붙이면 됩니다. 의미는 각각 '~했다', '~했습니다'입니다.

> **보통체** 美味し<ruby>い<rt>おい</rt></ruby> + かった
>
> 맛있었다
>
> **정중체** 美味し<ruby>い<rt>おい</rt></ruby> + かったです
>
> 맛있었습니다

예 昨日はかなり気温が高かった。

어제는 꽤 기온이 높았다.

道で転んで本当に恥ずかしかった。

길에서 넘어져서 정말로 창피했다.

おととい見た映画は面白かったです。

그제 본 영화는 재미있었습니다.

期末テストはかなり難しかったです。

기말시험은 꽤 어려웠습니다.

단어

かなり 제법, 상당히, 꽤

気温(きおん) 기온

高(たか)い 높다, 비싸다

道(みち) 길

転(ころ)ぶ 구르다, 넘어지다

恥(は)ずかしい 창피하다, 부끄럽다

おととい 그제

見(み)る 보다

面白(おもしろ)い 재미있다

期末(きまつ)テスト 기말시험

難(むずか)しい 어렵다

+PLUS

い형용사의 과거긍정의 경우 '美味しいでした'와 같이 '원형+でした' 조합은 사용하지 않습니다.

③ い형용사의 현재부정형

い형용사의 현재부정형은 보통체와 정중체 모두 「い」를 삭제한 후, 각각 뒤에 「くない」와 「くありません / くないです」를 붙이면 됩니다. 의미는 각각 '~하지 않다', '~하지 않습니다'입니다.

보통체

美味し_{おい}い + くない

맛있지 않다

정중체

美味し_{おい}い + くありません
くないです

맛있지 않습니다

예 今日(きょう)は全然寒(ぜんぜんさむ)くない。 오늘은 전혀 춥지 않다.

最近何(さいきんなに)をしても楽(たの)しくない。 요즘 무엇을 해도 즐겁지 않다.

この香水(こうすい)は香(かお)りがあまり強(つよ)くありません。

이 향수는 향기가 별로 강하지 않습니다.

タバコは体(からだ)によくないです。 담배는 몸에 좋지 않습니다.

단어

寒(さむ)い 춥다
何(なに) 무엇 | する 하다
楽(たの)しい 즐겁다
香水(こうすい) 향수
香(かお)り 향기
強(つよ)い 강하다
タバコ 담배
体(からだ)にいい 몸에 좋다

+ PLUS

「いい(좋다)」는 현재긍정 외의 활용이 특별합니다. 과거긍정은 「よかった(좋았다)」「よかったです(좋았습니다)」 현재부정은 「よくない(좋지 않다)」「よくありません / ないです(좋지 않습니다)」 과거부정은 「よくなかった(좋지 않았다)」「よくありませんでした / なかったです(좋지 않았습니다)」와 같이 「いく」가 아니라 「よく」로 활용됩니다.

④ い형용사의 과거부정형

い형용사의 과거부정형은 보통체와 정중체 모두 「い」를 삭제한 후, 각각 뒤에 「くなかった」와 「くありませんでした / くなかったです」를 붙이면 됩니다. 의미는 각각 '~하지 않았다', '~하지 않았습니다'입니다.

보통체　美味し**い** + **くなかった**

맛있지 않았다

정중체　美味し**い** + **くありませんでした**
　　　　　　　　　　　　 くなかったです

맛있지 않았습니다

예 荷物は大きかったけど、思ったより重くなかった。

짐은 컸지만 생각한 것보다 무겁지 않았다.

鼻水は出るけど、のどは全然痛くなかった。

콧물은 나오지만, 목은 전혀 아프지 않았다.

店内はあまり広くありませんでした。

가게 안은 별로 넓지 않았습니다.

幸い地震の被害は大きくなかったです。

다행히 지진의 피해는 크지 않았습니다.

단어

荷物(にもつ) 짐
大(おお)きい 크다
〜けど ~하지만
重(おも)い 무겁다
鼻水(はなみず) 콧물
出(で)る 나가다, 나오다
のど 목(목구멍)
痛(いた)い 아프다
店内(てんない) 가게 안
広(ひろ)い 넓다
幸(さいわ)い 다행히
地震(じしん) 지진
被害(ひがい) 피해

+PLUS

부정표현의 정중도는 현재형의 경우 「〜くないです」보다 「〜くありません」이, 과거형의 경우 「〜くなかったです」보다 「〜くありませんでした」가 조금 더 딱딱하고 정중한 표현입니다. 의문문은 각각의 말끝에 「か」를 붙여 만들 수 있습니다.

❺ い형용사의 명사수식형

い형용사는 원형 그대로 명사를 수식하면 됩니다. 의미는 '~한'입니다.

美味しい
おいしい

맛있는

예 古本屋で珍しい本を見つけた。
ふるほんや めずら ほん み

헌책방에서 희귀한 책을 발견했다.

先生は幅広い知識を持っています。
せんせい はばひろ ちしき も

선생님은 폭넓은 지식을 가지고 있습니다.

단어

古本屋(ふるほんや) 헌책방
珍(めずら)**しい** 드물다, 진귀하다
見(み)**つける** 발견하다
幅広(はばひろ)**い** 폭넓다
知識(ちしき) 지식
持(も)**つ** 들다, 가지다

➕PLUS

명사를 부정형으로 수식하고자 할 때는 「美味しくないケーキ(맛있지 않은 케이크)」「美味しくなかっ
おい   おい
たケーキ(맛있지 않았던 케이크)」와 같이 현재나 과거부정형 그대로 명사에 접속하면 됩니다.

❻ い형용사의 연결형

い형용사는 문장을 연결할 때, 「い」를 삭제한 후 뒤에 「くて」를 붙이면 됩니다. 의미는 '~하고'입니다.

美味しい+くて
おいしい

맛있고

예 この部屋は北向きなのに明るくて暖かい。

이 방은 북향인데 밝고 따뜻하다.

みかんは黄色くて丸いです。

귤은 노랗고 동그랗습니다.

단어

北向(きたむ)き 북향

〜(な)のに ~인데, ~인데도

明(あか)るい 밝다

暖(あたた)かい 따뜻하다

みかん 귤

黄色(きいろ)い 노랗다

丸(まる)い 동그랗다, 둥글다

7 い형용사의 부사형

い형용사의 「い」를 삭제한 후 「く」를 붙이면 부사가 됩니다. 의미는 '~하게, ~히'입니다. 「早く(빨리, 일찍)」와 같이 특별하게 해석되기도 합니다.

美味しい + く

맛있게

예 今日は早く起きました。　오늘은 일찍 일어났습니다.

단어

早(はや)い 빠르다, 이르다

起(お)きる 일어나다

바로 확인하기

① 危ない(　　　　)。위험합니다.

② 忙し(　　　)です。바빴습니다.

③ 甘く(　　　)です。달지 않습니다.

④ 短く(　　　)でした。짧지 않았습니다.

⑤ 固(　　　)パン。딱딱한 빵.

⑥ 小さ(　　　)軽いバッグを探している。

작고 가벼운 백을 찾고 있다.

⑦ 正し(　　　)生きる。올바르게 살다.

정답 ① です ② かった ③ ない ④ ありません ⑤ い ⑥ くて ⑦ く

단어

危(あぶ)ない 위험하다

忙(いそが)しい 바쁘다

甘(あま)い 달다

短(みじか)い 짧다

固(かた)い 딱딱하다, 단단하다

パン 빵

小(ちい)さい 작다

軽(かる)い 가볍다

バッグ 백, 가방

探(さが)す 찾다

正(ただ)しい 올바르다, 옳다

生(い)きる 살다, 살아가다

97

형태	활용 방법
い형용사의 현재긍정형 -보통체	**い형용사(い)** 예 優^{やさ}しい。 상냥하다. ＊ いい。 좋다.
い형용사의 현재긍정형 -정중체	**い형용사(い) + です** 예 優^{やさ}しいです。 상냥합니다. ＊ いいです。 좋습니다.
い형용사의 과거긍정형 -보통체	**い형용사(い) + かった** 예 優^{やさ}しかった。 상냥했다. ＊ よかった。 좋았다.
い형용사의 과거긍정형 -정중체	**い형용사(い) + かったです** 예 優^{やさ}しかったです。 상냥했습니다. ＊ よかったです。 좋았습니다.
い형용사의 현재부정형 -보통체	**い형용사(い) + くない** 예 優^{やさ}しくない。 상냥하지 않다. ＊ よくない。 좋지 않다.
い형용사의 현재부정형 -정중체	**い형용사(い) + くありません / くないです** 예 優^{やさ}しくありません。 상냥하지 않습니다. ＊ よくありません。 좋지 않습니다.
い형용사의 과거부정형 -보통체	**い형용사(い) + くなかった** 예 優^{やさ}しくなかった。 상냥하지 않았다. ＊ よくなかった。 좋지 않았다.

い형용사의 과거부정형 -정중체	**い형용사(い) + くありませんでした / くなかったです** 예 優しくありませんでした。 상냥하지 않았습니다. ＊よくありませんでした。 좋지 않았습니다.
い형용사의 명사수식형	**い형용사(い)** 예 優しい人 상냥한 사람 ＊いい人 좋은 사람
い형용사의 연결형	**い형용사(い) + くて** 예 優しくて 상냥하고 ＊よくて 좋고
い형용사의 부사형	**い형용사(い) + く** 예 優しく 상냥하게 ＊よく 좋게

1 다음 빈칸에 들어갈 알맞은 말을 골라 보세요.

1) 그제는 정말로 추웠다.

おとといは本当に寒＿＿＿。

① かった　② い　③ くない　④ なかった

2) 백은 크고 무거웠습니다.

バッグは大き＿＿＿、重かったです。

① で　② て　③ くて　④ なくて

3) 매운 라면을 좋아합니다.

辛＿＿＿ラーメンが好きです。

① く　② な　③ に　④ い

2 보기의 단어를 이용해 문장을 완성해 보세요.

보기　暖かい(따뜻하다)　明るい(밝다)　痛い(아프다)

1) 머리가 아픕니다.

頭が ＿＿＿＿＿＿＿＿＿＿＿＿＿＿＿＿＿＿＿＿＿。

2) 오늘은 따뜻하지 않습니다.

今日は ＿＿＿＿＿＿＿＿＿＿＿＿＿＿＿＿＿＿＿。

3) 방은 밝지 않았습니다.

部屋は ＿＿＿＿＿＿＿＿＿＿＿＿＿＿＿＿＿＿＿。

3 ___★___ 에 들어갈 말로 1, 2, 3, 4에서 가장 알맞은 것을 골라 보세요.

1) 期末テスト ___★___ ____ ____ ____ でした。
  ① 全然   ② 難しく   ③ は   ④ ありません

2) 昨日は ____ ____ ___★___ ____ かったです。
  ① 高くて   ② が   ③ 蒸し暑   ④ 気温

3) 田中先生は ____ ____ ____ ___★___ です。
  ① 優し   ② 面白い   ③ くて   ④ とても

8과
동사의
기본형

동사는 사물의 동작이나 존재, 상태를 나타내는 말입니다. 일본어의 동사는 활용법에 따라 크게 3개의 그룹으로 나뉩니다. 앞에서 살펴보았던 오십음도의 행과 단을 참고로 하면서 동사의 그룹을 익혀 봅시다.

1 1그룹 동사

1그룹 동사는 어미가 う단인 동사입니다. 즉, 단어의 마지막 글자가 아래의 예와 같이 「う, く, ぐ, す, つ, ぬ, ぶ, む, る」로 끝나는 동사입니다. 이 중 어미가 「る」인 경우에는 그 앞의 글자가 あ단, う단, お단인 동사만 1그룹 동사에 해당합니다.

예
会う 만나다

行く 가다

泳ぐ 헤엄치다

話す 이야기하다

待つ 기다리다

死ぬ 죽다

遊ぶ 놀다

飲む 마시다

分かる 알다

作る 만들다

乗る 타다

1그룹 동사 중에 형태는 2그룹 동사와 같이 어미가 「る」이고, 그 앞의 글자가 い단 또는 え단이지만 1그룹 동사로 분류되는 예외동사들이 있습니다. 예외동사들을 구별할 수 있는 방법은 특별히 없으므로, 아래의 동사들을 외워 두도록 합시다.

예
入る 들어가다, 들어오다

知る 알다

切る 자르다, 끊다

走る 달리다

帰る 돌아가다, 돌아오다

しゃべる 재잘거리다, 수다떨다

1그룹 동사는 어미가 ① (　　　)단인 동사로, 「会う」「話す」와 같은 동사들이 여기에 속합니다. 이 중 「る」로 끝나는 동사의 경우에는 그 앞의 글자가 ② (　　　)단, ③ (　　　)단, ④ (　　　)단인 「分かる」 「作る」「乗る」 등과 같은 동사들이 해당합니다. 단, 「入る」와 같이 형태는 2그룹 동사이지만 1그룹 동사에 속하는 ⑤ (　　　)동사들이 있다는 점에 주의해야 합니다.

정답 ①う ②あ ③う ④お ⑤예외

② 2그룹 동사

2그룹 동사는 어미가 「る」인 동사로, 그 앞의 글자가 い단, 즉 「い, き, し, ち, に, び, み, り」이거나 또는 え단인 동사, 즉 「え, け, せ, て, ね, べ, め, れ」인 동사입니다.

예
見る 보다
起きる 일어나다
寝る 자다
食べる 먹다
開ける 열다

2그룹 동사는 ① (　　　)로 끝나는 동사 중, 어미 바로 앞의 글자가 ② (　　　)단이거나 ③ (　　　)단 인 동사로, 「見る」「食べる」와 같은 동사들이 여기에 속합니다.

정답 ①る ②い ③え

105

③ 3그룹 동사

3그룹 동사는 단 두 개입니다. 활용할 때 규칙이 없는 불규칙 동사들입니다.

예) 来る 오다

する 하다

「する」의 경우에는 앞에 명사를 붙여서 '명사 + する'와 같이 사용하기도 하는데, 이 경우에도 3그룹 동사로 분류됩니다.

예) 勉強する 공부하다

アルバイトする 아르바이트하다

단어
勉強(べんきょう) 공부
アルバイト 아르바이트

바로 확인하기

3그룹 동사는 활용할 때 규칙이 없는 ① (　　　　) 동사로, '오다'라는 의미의 ② (　　　　)와 '하다'라는 의미인 ③ (　　　　)가 여기에 속합니다. 「する」의 경우 앞에 ④ (　　　　)를 붙여 사용하기도 하는데 이것 역시 ⑤ (　　　　)동사로 분류됩니다.

정답 ①불규칙 ②来る ③する ④명사 ⑤3그룹

그룹	동사
1그룹	**어미가 う단인 동사** 예 <ruby>会<rt>あ</rt></ruby>う 만나다 <ruby>行<rt>い</rt></ruby>く 가다 <ruby>泳<rt>およ</rt></ruby>ぐ 헤엄치다 <ruby>話<rt>はな</rt></ruby>す 이야기하다 <ruby>待<rt>ま</rt></ruby>つ 기다리다 <ruby>死<rt>し</rt></ruby>ぬ 죽다 <ruby>遊<rt>あそ</rt></ruby>ぶ 놀다 <ruby>飲<rt>の</rt></ruby>む 마시다 **어미가 る인 경우 그 바로 앞 글자가 あ단, う단, お단인 동사** 예 <ruby>分<rt>わ</rt></ruby>かる 알다 <ruby>作<rt>つく</rt></ruby>る 만들다 <ruby>乗<rt>の</rt></ruby>る 타다 **형태는 2그룹 동사이지만 1그룹 동사에 속하는 예외동사** 예 <ruby>入<rt>はい</rt></ruby>る 들어가다, 들어오다 <ruby>帰<rt>かえ</rt></ruby>る 돌아가다, 돌아오다
2그룹	**어미가 る이며, 그 바로 앞 글자가 い단 또는 え단인 동사** 예 <ruby>見<rt>み</rt></ruby>る 보다 <ruby>食<rt>た</rt></ruby>べる 먹다
3그룹	**불규칙 동사** 예 <ruby>来<rt>く</rt></ruby>る 오다 する 하다 **する 앞에 명사를 붙인 동사** 예 <ruby>勉強<rt>べんきょう</rt></ruby>する 공부하다

① 다음 동사에 해당하는 그룹을 적어 보세요.

1) 待つ   (   ) 그룹

2) 起きる   (   ) 그룹

3) 泳ぐ   (   ) 그룹

4) 帰る   (   ) 그룹

5) 来る   (   ) 그룹

6) 走る   (   ) 그룹

7) 飲む   (   ) 그룹

8) 勉強する   (   ) 그룹

9) 寝る   (   ) 그룹

10) 作る   (   ) 그룹

2 다음 동사의 의미를 보기에서 골라 적어 보세요.

보기 알다　먹다　하다　오다　자르다, 끊다　만나다　보다　타다　놀다　가다

1) 会^あう　　　（　　　　　　）

2) 来^くる　　　（　　　　　　）

3) 分^わかる　　（　　　　　　）

4) 行^いく　　　（　　　　　　）

5) 食^たべる　　（　　　　　　）

6) 乗^のる　　　（　　　　　　）

7) する　　　（　　　　　　）

8) 遊^{あそ}ぶ　　　（　　　　　　）

9) 見^みる　　　（　　　　　　）

10) 切^きる　　　（　　　　　　）

정답

① 1) 1　2) 2　3) 1　4) 1　5) 3　6) 1　7) 1　8) 3　9) 2　10) 1
② 1) 만나다　2) 오다　3) 알다　4) 가다　5) 먹다　6) 타다　7) 하다　8) 놀다　9) 보다　10) 자르다, 끊다

9과
동사의
ます형

동사의 활용은 매우 다양합니다. 그중에서도 동사의 ます형은 가장 기본적인 활용법으로, 정중한 표현을 만들 때 사용할 수 있습니다.

① 동사의 ます형

1그룹 동사의 ます형은 어미 「う, く, ぐ, す, つ, ぬ, ぶ, む, る」를 각각 「い, き, ぎ, し, ち, に, び, み, り」로 바꾸면 됩니다.

> **1그룹 동사의 ます형** 어미 う단 → い단

> 예 会(あ)う → 会(あ)い
>
> 行(い)く → 行(い)き
>
> 泳(およ)ぐ → 泳(およ)ぎ
>
> 話(はな)す → 話(はな)し
>
> 待(ま)つ → 待(ま)ち
>
> 死(し)ぬ → 死(し)に
>
> 遊(あそ)ぶ → 遊(あそ)び
>
> 飲(の)む → 飲(の)み
>
> 分(わ)かる → 分(わ)かり
>
> 作(つく)る → 作(つく)り
>
> 乗(の)る → 乗(の)り
>
> ＊帰(かえ)る → 帰(かえ)り

2그룹 동사의 ます형은 어미 「る」를 삭제하기만 하면 됩니다.

> **2그룹 동사의 ます형** 어미 る

예 見る → 見
　起きる → 起き
　寝る → 寝
　食べる → 食べ
　開ける → 開け

3그룹 동사는 불규칙 동사이므로, 규칙이 따로 없습니다. 따라서 ます형은 정해진 형태를 그대로 외우면 됩니다.

> **3그룹 동사의 ます형**　　来る → 来
> 　　　　　　　　　　　　　　する → し

예 来る → 来
　する → し

바로 확인하기

동사의 ます형은 1그룹 동사의 경우 어미 ① (　　)단을 ② (　　)단으로 바꾸면 되며, 2그룹 동사의 경우는 어미 ③ (　　)를 삭제하면 됩니다. 불규칙 동사인 3그룹 동사의 경우는 정해진 형태를 그대로 외우면 되는데, 「来る」는 ④ (　　)로, 「する」는 (　　)로 바뀝니다.

정답 ①う ②い ③る ④来 ⑤し

❷ 동사 정중체의 현재긍정형

정중체의 현재긍정형은 앞서 배운 ます형 뒤에 「ます」를 붙이면 됩니다. 기본적으로는 상태나 동작을 정중하게 표현할 때 사용하며 의미는 '~합니다'입니다.

話<ruby>す<rt>はな</rt></ruby> → 話<ruby>し<rt>はな</rt></ruby> ＋ ます

이야기합니다

예 朝<ruby>あさ</ruby>ご飯<ruby>はん</ruby>を食<ruby>た</ruby>べます。　아침밥을 먹습니다.

プールで泳<ruby>およ</ruby>ぎます。　수영장에서 헤엄칩니다.

図書館<ruby>としょかん</ruby>で勉強<ruby>べんきょう</ruby>します。　도서관에서 공부합니다.

단어
朝(あさ)ご飯(はん) 아침밥
プール 수영장
〜で ~에서
図書館(としょかん) 도서관

현재긍정형은 습관적인 행위를 나타내기도 하는데, 이 경우에도 의미는 '~합니다'입니다.

예 私<ruby>わたし</ruby>は毎朝<ruby>まいあさ</ruby>７時<ruby>じ</ruby>に起<ruby>お</ruby>きます。　저는 매일 아침 7시에 일어납니다.

단어
毎朝(まいあさ) 매일 아침

현재긍정형은 또 하나의 사용법이 있습니다. 일본어는 별도로 '미래형'이라고 하는 것이 존재하지 않습니다. 그렇기 때문에 미래의 예정이나 의지를 나타낼 때 이 현재긍정형을 사용합니다. 의미는 '~할 것입니다'입니다.

예 明日<ruby>あした</ruby>友<ruby>とも</ruby>だちと旅行<ruby>りょこう</ruby>に行<ruby>い</ruby>きます。　내일 친구와 여행을 갈 것입니다.

단어
明日(あした) 내일
旅行(りょこう) 여행

PLUS

한국어는 동사 '가다' 앞에 조사 '~을/를' 또는 '~에'를 사용하지만, 일본어의 경우 「行<ruby>い</ruby>く(가다)」 앞에 조사 「を」는 사용하지 않습니다. 「に」 또는 「へ」를 사용하는 것이 일반적입니다.

바로 확인하기

① 死ぬ 죽다 → (　　　　　　　) 죽습니다

② 作る 만들다 → (　　　　　　　) 만듭니다

③ 寝る 자다 → (　　　　　　) 잡니다

④ する 하다 → (　　　　　) 합니다

⑤ 来る 오다 → (　　　　　) 옵니다

정답 ①死にます ②作ります ③寝ます ④します ⑤来ます

③ 동사 정중체의 현재부정형

정중체의 현재부정형은 ます형 뒤에 「ません」을 붙이면 됩니다. 기본적인 용법은 「～ます」와 동일하며 의미는 '~하지 않습니다, ~하지 않을 것입니다'입니다.

話す → 話し + ません

이야기하지 않습니다

예 パスワードが分かりません。　패스워드를 모르겠습니다.

普段あまりお酒は飲みません。　평소에 별로 술은 마시지 않습니다.

明日は遅刻しません。　내일은 지각하지 않을 것입니다.

단어

パスワード 패스워드

普段(ふだん) 평소, 보통

お酒(さけ) 술

遅刻(ちこく)する 지각하다

PLUS

한국어는 동사 '알다' 앞에 조사 '~을/를'을 사용하지만, 일본어의 경우 「分かる(알다)」 앞에 조사 「を」를 사용하지 않고 「が」를 사용하는 것이 일반적입니다.

바로 확인하기

① 買う 사다 → (　　　　　　　　) 사지 않습니다

② 走る 달리다 → (　　　　　　　　) 달리지 않습니다

③ 降りる 내리다 → (　　　　　　　　) 내리지 않습니다

④ する 하다 → (　　　　　　　) 하지 않습니다

⑤ 来る 오다 → (　　　　　　　) 오지 않습니다

정답 ①買いません ②走りません ③降りません ④しません ⑤来ません

④ 동사 정중체의 과거긍정형

정중체의 현재부정형은 ます형 뒤에「ました」를 붙이면 됩니다. 의미는 '~했습니다'입니다.

話す → 話し + ました

이야기했습니다

예　久しぶりに友だちに会いました。　오랜만에 친구를 만났습니다.

　　昨日は家でドラマを見ました。　어제는 집에서 드라마를 봤습니다.

단어
久(ひさ)しぶりに 오랜만에
ドラマ 드라마

PLUS

한국어는 동사 '만나다' 앞에 조사 '~을/를' 또는 '~와/과'를 사용하지만, 일본어의 경우「会う(만나다)」앞에 조사「を」를 사용하지 않고「に」또는「と」를 사용하는 것이 일반적입니다.

① 飲む 마시다 → (　　　　　　　　　) 마셨습니다

② 売る 팔다 → (　　　　　　　) 팔았습니다

③ 教える 가르치다 → (　　　　　　　　) 가르쳤습니다

④ する 하다 → (　　　　　) 했습니다

⑤ 来る 오다 → (　　　　　) 왔습니다

정답 ①飲みました ②売りました ③教えました ④しました ⑤来ました

5 동사 정중체의 과거부정형

정중체의 과거부정형은 ます형 뒤에 「ませんでした」를 붙이면 됩니다. 의미는 '~하지 않았습니다'입니다.

話す → 話し + ませんでした

이야기하지 않았습니다

예 予約制なので、あまり待ちませんでした。

예약제라서 별로 기다리지 않습니다.

1時間ほど待ちましたが、結局彼は来ませんでした。

1시간 정도 기다렸지만, 결국 그는 오지 않았습니다.

단어
予約制(よやくせい) 예약제
~(な)ので ~이기 때문에
~ほど ~정도, ~만큼
結局(けっきょく) 결국

✎ **바로 확인하기**

① 言う 말하다 → (   ) 말하지 않았습니다

② 入る 들어가다, 들어오다 → (   ) 들어가지 않았습니다, 들어오지 않았습니다

③ 着る 입다 → (   ) 입지 않았습니다

④ する 하다 → (   ) 하지 않았습니다

⑤ 来る 오다 → (   ) 오지 않았습니다

정답 ①言いませんでした ②入りませんでした ③着ませんでした ④しませんでした ⑤来ませんでした

그룹	동사 ます형
1그룹	**어미 う단 → い단** 예 書く → 書き
2그룹	**어미 る → る** 예 開ける → 開け
3그룹	**불규칙 변화** 예 来る → 来 する → し

형태	활용 방법
동사의 정중체 -현재긍정형	**동사 ます형 + ます** 예 書く → 書きます。 씁니다.
동사의 정중체 -현재부정형	**동사 ます형 + ません** 예 書く → 書きません。 쓰지 않습니다.
동사의 정중체 -과거긍정형	**동사 ます형 + ました** 예 書く → 書きました。 썼습니다.
동사의 정중체 -과거부정형	**동사 ます형 + ませんでした** 예 書く → 書きませんでした。 쓰지 않았습니다.

1 다음 빈칸에 들어갈 알맞은 말을 골라 보세요.

1) 오늘은 아침 7시에 일어<u>났습니다</u>.

今日は朝７時に起き_____。

① ません　② でした　③ ました　④ ます

2) 아무에게도 말하지 <u>않을 것입니다</u>.

誰にも話し_____。

① ました　② ません　③ ます　④ です

3) 내일은 친구를 <u>만날 것입니다</u>.

明日は友だちに会い_____。

① ます　② ません　③ です　④ ませんでした

2 보기의 단어를 이용해 문장을 완성해 보세요.

보기 食べる(먹다)　運動する(운동하다)　寝る(자다)

1) 어제는 일찍 <u>잤습니다</u>.

昨日は早く＿＿＿＿＿＿＿＿＿＿＿＿＿＿＿＿＿＿＿。

2) 저는 매일 <u>운동합니다</u>.

私は毎日＿＿＿＿＿＿＿＿＿＿＿＿＿＿＿＿＿＿＿。

3) 오늘은 아무것도 <u>먹지 않았습니다</u>.

今日は何も＿＿＿＿＿＿＿＿＿＿＿＿＿＿＿＿＿＿＿。

120

❸ ___★___ 에 들어갈 말로 1, 2, 3, 4에서 가장 알맞은 것을 골라 보세요.

1) 昨日(きのう)____ ____ __★__ ____ でした。

① ません　② どこにも　③ は　④ 出(で)かけ

2) 今日(きょう)は ____ __★__ ____ ____ ました。

① 早(はや)く　② 起(お)き　③ より　④ いつも

3) 普段(ふだん)____ ____ ____ __★__ません。

① ドラマ　② あまり　③ は　④ 見(み)

10과
동사의
ない형

동사의 ない형은 부정표현을 만들 때 사용할 수 있습니다.

① 동사의 ない형

1그룹 동사의 ない형은 어미「う, く, ぐ, す, つ, ぬ, ぶ, む, る」를 각각「わ, か, が, さ, た, な, ば, ま, ら」로 바꾸면 됩니다. 다만, 어미「う」는 예외 법칙이 적용되어「あ」로 바뀌지 않고「わ」로 바뀐다는 것을 꼭 기억해 주세요.

> **1그룹 동사의 ない형** 어미 う단 → あ단

예
* 会(あ)う → 会(あ)わ
行(い)く → 行(い)か
泳(およ)ぐ → 泳(およ)が
話(はな)す → 話(はな)さ
待(ま)つ → 待(ま)た
死(し)ぬ → 死(し)な
遊(あそ)ぶ → 遊(あそ)ば
飲(の)む → 飲(の)ま
分(わ)かる → 分(わ)から
作(つく)る → 作(つく)ら
乗(の)る → 乗(の)ら
* 帰(かえ)る → 帰(かえ)ら

2그룹 동사의 ない형은 ます형과 동일하게 어미「る」를 삭제하면 됩니다.

> **2그룹 동사의 ない형** 어미 る⁶

예 見_みる → 見_み
　起_おきる → 起_おき
　寝_ねる → 寝_ね
　食_たべる → 食_たべ
　開_あける → 開_あけ

3그룹 동사의 ない형은 정해진 형태를 그대로 외우면 됩니다.

2그룹 동사의 ない형　来_くる → 来_こ
　　　　　　　　　　　　する → し

예 来_くる → 来_こ
　する → し

바로 확인하기

동사의 ない형은 1그룹 동사의 경우 어미 う단을 ① (　　　)단으로 바꾸면 됩니다. 단, 「う」는 예외로 ② (　　　)로 바꿔야 합니다. 2그룹 동사의 경우는 ます형과 마찬가지로 어미 ③ (　　　)를 삭제하면 되며, 불규칙 동사인 3그룹 동사의 경우는 정해진 형태를 그대로 외우면 되는데, 「来_くる」는 ④ (　　　)로, 「する」는 ⑤ (　　　)로 바뀝니다.

정답 ①あ ②わ ③る ④来 ⑤し

125

② 동사 ない형의 현재형

동사 ない형의 현재형은 앞서 배운 ない형 뒤에 「ない」를 붙이면 됩니다. 의미는 '~하지 않는다'입니다. 이 뒤에 「です」를 붙이면 정중한 표현이 되며, 의미는 '~하지 않습니다'입니다. 9과의 '～ません'과 마찬가지로 습관적인 행위나 미래의 예정이나 의지를 나타낼 수도 있습니다. 의미는 보통체는 '~하지 않을 것이다', 정중체는 '~하지 않을 것입니다'입니다.

보통체 話す → 話さ + ない

이야기하지 않는다

정중체 話す → 話さ + ないです

이야기하지 않습니다

예 10分以上は待たない。 10분 이상은 기다리지 않는다.

まだよく知らないです。 아직 잘 모릅니다.

私は甘いものは食べない。 나는 단 것은 먹지 않는다.

この店にはもう二度と来ない。

이 가게에는 이제 두 번 다시 오지 않을 것이다.

단어

以上(いじょう) 이상
まだ 아직
よく 잘, 자주
甘(あま)**いもの** 단 것
店(みせ) 가게
もう 이미, 벌써, 이제
二度(にど)**と** 두 번 다시

바로 확인하기

① 言う 말하다 → (   ) 말하지 않는다

② 急ぐ 서두르다 → (   ) 서두르지 않는다

③ 見る 보다 → (   ) 보지 않는다

④ する 하다 → (   ) 하지 않는다

⑤ 来る 오다 → (   ) 오지 않는다

정답 ①言わない ②急がない ③見ない ④しない ⑤来ない

❸ 동사 ない형의 과거형

동사 ない형의 과거형은 ない형 뒤에 「なかった」를 붙이면 되며, 의미는 '~하지 않았다'입니다. 이 뒤에 역시 「です」를 붙이면 정중한 표현이 되며, 의미는 '~하지 않았습니다'입니다.

보통체　話す → 話さ + なかった

이야기하지 않았다

정중체　話す → 話さ + なかったです

이야기하지 않았습니다

예 今日一日誰にも会わなかった。　오늘 하루 아무도 만나지 않았다.

面接でまったく緊張しなかったです。

면접에서 전혀 긴장하지 않았습니다.

단어
一日(いちにち) 하루
面接(めんせつ) 면접
まったく 전혀
緊張(きんちょう)**する** 긴장하다

PLUS

동사의 정중한 부정표현은 ます형과 ない형을 사용한 두 가지 방식으로 만들 수 있습니다. 기본적인 의미는 같지만, '동사+ません' 쪽이 비교적 정중하고 딱딱하며, '동사+ないです' 쪽은 가볍고 캐주얼한 느낌입니다. 일반적으로 일본어 문법 교재에서는 주로 '동사+ません'의 형태 위주로 학습하지만, 실생활에서는 '동사+ないです' 쪽을 자주 사용하는 경향이 있습니다.

	ます형	ない형
이야기하지 않습니다	話しません	話さないです
이야기하지 않았습니다	話しませんでした	話さなかったです

127

✏️ 바로 확인하기

① 買う 사다 → (   ) 사지 않았다
② 帰る 돌아가다, 돌아오다 → (   ) 돌아가지 않았다, 돌아오지 않았다
③ 起きる 일어나다 → (   ) 일어나지 않았다
④ する 하다 → (   ) 하지 않았다
⑤ 来る 오다 → (   ) 오지 않았다

정답 ①買わなかった ②帰らなかった ③起きなかった ④しなかった ⑤来なかった

그룹	동사 ない형
1그룹	**어미 う단 → あ단** 예 書^かく → 書^かか ＊会^あう → 会^あわ
2그룹	**어미 る → る** 예 開^あける → 開^あけ
3그룹	**불규칙 변화** 예 来^くる → 来^こ する → し

형태	활용 방법
동사 ない형 -현재형	**동사 ない형 + ない** 예 書^かく → 書^かかない。 쓰지 않는다. **동사 ない형 + ないです** 예 書^かく → 書^かかないです。 쓰지 않습니다.
동사 ない형 -과거형	**동사 ない형 + なかった** 예 書^かく → 書^かかなかった。 쓰지 않았다. **동사 ない형 + なかったです** 예 書^かく → 書^かかなかったです。 쓰지 않았습니다.

1 다음 빈칸에 들어갈 알맞은 말을 골라 보세요.

1) 아이스 커피는 마시지 <u>않는다</u>.

アイスコーヒーは飲ま_____。

① ない   ② なかった   ③ ないです   ④ ません

2) 오늘은 지각하지 <u>않았습니다.</u>

今日は遅刻し_____。

① ました   ② ないでした   ③ なかったです   ④ ない

3) 해외 드라마는 그다지 보지 <u>않습니다</u>.

海外ドラマはあまり見_____。

① なかった   ② ます   ③ ないです   ④ ない

2 보기의 단어를 이용해 문장을 완성해 보세요.

보기 乗る(타다)   読む(읽다)   食べる(먹다)

1) 18시 이후는 아무것도 <u>먹지 않는다</u>.

18時以降は何も_____。

2) 겨울에는 오토바이를 <u>타지 않는다</u>.

冬はバイクに_____。

3) 여동생은 만화책밖에 <u>읽지 않는다</u>.

妹はマンガしか_____。

3 ___★___ 에 들어갈 말로 1, 2, 3, 4에서 가장 알맞은 것을 골라 보세요.

1) 今日(きょう)は ＿＿＿ ＿＿＿ ＿★＿ ＿＿＿ です。

①に　②なかった　③会社(かいしゃ)　④行(い)か

2) 昨日(きのう)は ＿★＿ ＿＿＿ ＿＿＿ ＿＿＿ です。

①帰(かえ)らな　②家(うち)　③かった　④へ

3) パーティー ＿＿＿ ＿★＿ ＿＿＿ ＿＿＿ かった。

①は　②来(こ)な　③に　④誰(だれ)も

11과
동사의
て형과 た형

동사의 て형은 동사를 연결할 때, た형은 동사를 과거형으로 만들 때 사용할 수 있습니다. 이 둘은 활용법이 같으므로 함께 익혀 봅시다.

❶ 동사의 て형

동사의 て형은 동사를 연결하는 활용이며, 크게 두 가지의 사용법이 있습니다. 먼저 하나는 동작이 잇따라 일어나는 것을 나타낼 때 사용하며, 의미는 '~하고'입니다. 나머지는 하나는 이유나 원인을 나타낼 때 사용하며, 의미는 '~해서'입니다. 다른 활용들과 마찬가지로 그룹별로 활용법이 정해지는데, 특히 1그룹 동사의 て형은 동사의 어미에 따라 활용법이 다섯 가지로 세분화되니 헷갈리지 않도록 정확히 기억해 주세요.

❷ 1그룹 동사의 て형

① 동사가 「う, つ, る」로 끝나는 경우, 「う, つ, る」를 「って」로 바꿉니다.

예 会う → 会って 만나고 / 만나서

待つ → 待って 기다리고 / 기다려서

作る → 作って 만들고 / 만들어서

② 동사가 「ぬ, ぶ, む」로 끝나는 경우, 「ぬ, ぶ, む」를 「んで」로 바꿉니다. 이때 「て」가 아니라 「で」가 된다는 것을 꼭 기억해 주세요.

예 死ぬ → 死んで 죽고 / 죽어서

遊ぶ → 遊んで 놀고 / 놀아서

飲む → 飲んで 마시고 / 마셔서

③ 동사가 「く, ぐ」로 끝나는 경우, 「く」는 「いて」로, 「ぐ」는 「いで」로 바꿉니다. 이때 「ぐ」는 「て」가 아니라 「で」가 된다는 것도 꼭 기억해 주세요.

예 書く → 書いて 쓰고 / 써서

泳ぐ → 泳いで 헤엄치고 / 헤엄쳐서

④ 동사가 「す」로 끝나는 경우, 「す」를 「して」로 바꿉니다.

예 話す → 話して 이야기하고 / 이야기해서

⑤ 「行く」는 「く」로 끝나지만 활용법이 예외인 동사로, 「く」를 「いて」가 아니라 「って」로 바꿉니다.

예 行く → 行って 가고 / 가서

1그룹 동사의 て형

어미 う, つ, る → って
어미 ぬ, ぶ, む → んで
어미 く → いて
어미 ぐ → いで
어미 す → して

예 本を読んで、感想文を書きました。 책을 읽고 감상문을 썼습니다.
図書館に行って、本を借ります。
도서관에 가서 책을 빌릴 것입니다.
父が元気だと聞いて、安心しました。
아버지가 건강하다고 들어서 안심했습니다.

단어
本(ほん) 책
感想文(かんそうぶん) 감상문
借(か)りる 빌리다
聞(き)く 듣다, 묻다
安心(あんしん)する 안심하다

바로 확인하기

① 洗う 씻다 → (　　　　) 씻고 / 씻어서
② 持つ 들다, 가지다 → (　　　　) 들고, 갖고 / 들어서, 가져서
③ 終わる 끝나다 → (　　　　) 끝나고 / 끝나서
④ 死ぬ 죽다 → (　　　　) 죽고 / 죽어서
⑤ 選ぶ 고르다 → (　　　　) 고르고 / 골라서
⑥ 混む 붐비다 → (　　　　) 붐비고 / 붐벼서
⑦ 置く 두다, 놓다 → (　　　　) 두고, 놓고 / 두어서, 놓아서
⑧ 脱ぐ 벗다 → (　　　　) 벗고 / 벗어서
⑨ 消す 지우다, 끄다 → (　　　　) 지우고, 끄고 / 지워서, 꺼서

정답 ①洗って ②持って ③終わって ④死んで ⑤選んで ⑥混んで ⑦置いて ⑧脱いで ⑨消して

③ 2그룹, 3그룹 동사의 て형

2그룹 동사의 て형은 어미「る」를 삭제하고「て」로 바꿉니다.

예 見る → 見て 보고 / 봐서

　　起きる → 起きて 일어나고 / 일어나서

　　寝る → 寝て 자고 / 자서

　　食べる → 食べて 먹고 / 먹어서

　　開ける → 開けて 열고 / 열어서

3그룹 동사의 て형은 정해진 형태를 그대로 외우면 됩니다.「来る」는「来て」로,「する」는「して」로 바꿉니다.

예 来る → 来て 오고 / 와서

　　する → して 하고 / 해서

2그룹 동사의 て형　어미 る⁶ → て

3그룹 동사의 て형　来る → 来て
　　　　　　　　　　　する → して

예 ニュースを見て、びっくりしました。

　　뉴스를 보고 깜짝 놀랐습니다.

　　バスを降りて、電車に乗り換えます。

　　버스를 내려서 전철로 갈아탈 것입니다.

단어
ニュース 뉴스
びっくりする 깜짝 놀라다
バス 버스 | 降(お)りる 내리다
電車(でんしゃ) 전철
乗(の)り換(か)える 갈아타다

試験に合格して、とても嬉しいです。
시험에 합격해서 매우 기쁩니다.

단어
合格(ごうかく)**する** 합격하다
嬉(うれ)**しい** 기쁘다

바로 확인하기

① つける 켜다 → (　　　　　　) 켜고 / 켜서
② 忘(わす)れる 잊다 → (　　　　　　) 잊고 / 잊어서
③ 着(き)る 입다 → (　　　　) 입고 / 입어서
④ 来(く)る 오다 → (　　　　) 오고 / 와서
⑤ する 하다 → (　　　　) 하고 / 해서

정답 ①つけて ②忘(わす)れて ③着(き)て ④来(き)て ⑤して

④ 동사의 た형

동사의 た형은 기본적으로 과거와 완료를 나타냅니다. 과거의 일이나 현재로 이어진 과거의 일, 또는 그 결과를 나타낼 때 사용되며, 의미는 '~했다'입니다. 활용 방법은 て형과 같으며 「て」대신 「た」로 바꾸면 됩니다.

PLUS

과거와 완료의 구별은 쉽지 않으며, 실제로 굳이 구별하지 않아도 됩니다. '~했다'라는 의미만 기억하면 됩니다. 다만, 함께 사용되는 부사를 보면 알 수 있는 경우도 있는데, 「昨日(きのう)(어제)」「先週(せんしゅう)(지난주)」「先月(せんげつ)(지난달)」 등을 함께 사용하면 과거, 「もう(이미, 벌써, 이제)」「やっと(드디어)」 등을 함께 사용하면 완료입니다.

❺ 1그룹 동사의 た형

① 동사가 「う, つ, る」로 끝나는 경우, 「う, つ, る」를 「った」로 바꿉니다.

예 会<small>あ</small>う → 会<small>あ</small>った 만났다

待<small>ま</small>つ → 待<small>ま</small>った 기다렸다

作<small>つく</small>る → 作<small>つく</small>った 만들었다

② 동사가 「ぬ, ぶ, む」로 끝나는 경우, 「ぬ, ぶ, む」를 「んだ」로 바꿉니다. 이때 「た」가 아니라 「だ」가 된다는 것을 꼭 기억해 주세요.

예 死<small>し</small>ぬ → 死<small>し</small>んだ 죽었다

遊<small>あそ</small>ぶ → 遊<small>あそ</small>んだ 놀았다

飲<small>の</small>む → 飲<small>の</small>んだ 마셨다

③ 동사가 「く, ぐ」로 끝나는 경우, 「く」는 「いた」로, 「ぐ」는 「いだ」로 바꿉니다. 이때 「ぐ」는 「た」가 아니라 「だ」가 된다는 것도 꼭 기억해 주세요.

예 書<small>か</small>く → 書<small>か</small>いた 썼다

泳<small>およ</small>ぐ → 泳<small>およ</small>いだ 헤엄쳤다

④ 동사가 「す」로 끝나는 경우, 「す」를 「した」로 바꿉니다.

예 話<small>はな</small>す → 話<small>はな</small>した 이야기했다

⑤ た형에서도 「行<small>い</small>く」는 예외동사입니다. 「く」를 「いた」가 아닌 「った」로 바꾸면 됩니다.

예 行<small>い</small>く → 行<small>い</small>った 갔다

1그룹 동사의 た형	어미 う, つ, る → った
	어미 ぬ, ぶ, む → んだ
	어미 く → いた
	어미 ぐ → いだ
	어미 す → した

(예) 先月、家族4人で温泉旅行に行った。
せんげつ　か ぞく　にん　おんせんりょこう　い

지난달에 가족 4명이서 온천 여행을 갔다.

風邪はもう治った。　감기는 이제 나았다.
か ぜ　　　　なお

やっと期末テストが終わった。　드디어 기말시험이 끝났다.
　　　きまつ　　　　　　お

단어

先月(せんげつ) 지난달

~人(にん)で ~명이서

温泉旅行(おんせんりょこう) 온천
여행

治(なお)る 낫다

やっと 드디어

✏️ 바로 확인하기

① 洗う 씻다 → (　　　　　　) 씻었다
あら

② 持つ 들다, 가지다 → (　　　　　　) 들었다, 가졌다
も

③ 終わる 끝나다 → (　　　　　　) 끝났다
お

④ 死ぬ 죽다 → (　　　　　　) 죽었다
し

⑤ 選ぶ 고르다 → (　　　　　　) 골랐다
えら

⑥ 混む 붐비다 → (　　　　　　) 붐볐다
こ

⑦ 置く 두다, 놓다 → (　　　　　　) 두었다, 놓았다
お

⑧ 脱ぐ 벗다 → (　　　　　　) 벗었다
ぬ

⑨ 消す 지우다, 끄다 → (　　　　　　) 지웠다, 껐다
け

정답 ①洗った ②持った ③終わった ④死んだ ⑤選んだ ⑥混んだ ⑦置いた ⑧脱いだ ⑨消した

❻ 2그룹, 3그룹 동사의 た형

2그룹 동사의 た형은 어미 「る」를 삭제하고 「た」로 바꿉니다.

예 見^みる → 見^みた 봤다

見^みる → 見^みた 봤다

起^おきる → 起^おきた 일어났다

寝^ねる → 寝^ねた 잤다

食^たべる → 食^たべた 먹었다

開^あける → 開^あけた 열었다

3그룹 동사의 た형은 정해진 형태를 그대로 외우면 됩니다. 「来^くる」는 「来^きた」로, 「する」는 「した」로 바꿉니다.

예 来^くる → 来^きた 왔다

する → した 했다

2그룹 동사의 た형	어미 ⑥る → た

3그룹 동사의 た형	来^くる → 来^きた する → した

예 先週^{せんしゅう}の土曜日^{どようび}は映画^{えいが}を見^みた。

지난주 토요일은 영화를 봤다.

昨日^{きのう}は忙^{いそが}しくて、夜^{よる}11時^じまで残業^{ざんぎょう}した。

어제는 바빠서 밤 11시까지 잔업했다.

단어

先週(せんしゅう) 지난주

土曜日(どようび) 토요일

夜(よる) 밤

~まで ~까지

残業(ざんぎょう)**する** 잔업하다

바로 확인하기

① つける 켜다 → (　　　　　) 켰다

② 忘れる 잊다 → (　　　　　) 잊었다

③ 着る 입다 → (　　　　) 입었다

④ 来る 오다 → (　　　　) 왔다

⑤ する 하다 → (　　　　) 했다

정답 ①つけた ②忘れた ③着た ④来た ⑤した

그룹	동사 て형
1그룹	**어미 う, つ, る → って** 예 会う → 会って 만나고 / 만나서 待つ → 待って 기다리고 / 기다려서 作る → 作って 만들고 / 만들어서 **어미 ぬ, ぶ, む → んで** 예 死ぬ → 死んで 죽고 / 죽어서 遊ぶ → 遊んで 놀고 / 놀아서 飲む → 飲んで 마시고 / 마셔서 **어미 く → いて, 어미 ぐ → いで** 예 書く → 書いて 쓰고 / 써서 ＊行く → 行って 가고 / 가서 泳ぐ → 泳いで 헤엄치고 / 헤엄쳐서 **어미 す → して** 예 話す → 話して 이야기하고 / 이야기해서
2그룹	**어미 る → て** 예 見る → 見て 보고 / 봐서
3그룹	**불규칙 변화** 예 来る → 来て 오고 / 와서 する → して 하고 / 해서

그룹	동사 た형
1그룹	### 어미 う, つ, る → った 例 会う → 会った 만났다 待つ → 待った 기다렸다 作る → 作った 만들었다 ### 어미 ぬ, ぶ, む → んだ 例 死ぬ → 死んだ 죽었다 遊ぶ → 遊んだ 놀았다 飲む → 飲んだ 마셨다 ### 어미 く → いた, 어미 ぐ → いだ 例 書く → 書いた 썼다 ＊行く → 行った 갔다 泳ぐ → 泳いだ 헤엄쳤다 ### 어미 す → した 例 話す → 話した 이야기했다
2그룹	### 어미 る → た 例 見る → 見た 봤다
3그룹	### 불규칙 변화 例 来る → 来た 왔다 する → した 했다

1 다음 빈칸에 들어갈 알맞은 말을 골라 보세요.

1) 밥을 먹고 공부를 했다.

ご飯を食べ＿＿＿勉強をした。

① た　② る　③ て　④ って

2) 시험에 합격했다고 들어서 기뻤다.

試験に合格したと聞＿＿＿、嬉しかった。

① て　② んで　③ きて　④ いて

3) 도서관에서 빌린 책을 읽었다.

図書館で借りた本を読＿＿＿。

① った　② んだ　③ いた　④ んた

2 보기의 단어를 이용해 문장을 완성해 보세요.

보기 買う(사다)　寝る(자다)　治る(낫다)

1) 어제는 일찍 자고 일찍 일어났다.

昨日は早く＿＿＿＿＿＿＿＿早く起きた。

2) 드디어 감기가 나았다.

やっと風邪が＿＿＿＿＿＿＿＿。

3) 아버지의 선물을 샀다.

父のプレゼントを＿＿＿＿＿＿＿＿。

3 ___★___ 에 들어갈 말로 1, 2, 3, 4에서 가장 알맞은 것을 골라 보세요.

1) 昨日は母 ____ ___★___ ____ ____ 。

    ① と   ② 見た   ③ を   ④ 映画

2) 夜 ____ ____ ____ ___★___ 帰った。

    ① 残業   ② 10時   ③ して   ④ まで

3) 友だち ___★___ ____ ____ ____ 食べた。

    ① を   ② に   ③ 会って   ④ ご飯

12과
동사의
의지형과
권유형

동사의 의지를 나타내거나 권유할 때 의지·권유형을 사용할 수 있는데, 이 둘은 활용법이 같으니 함께 익혀 봅시다.

❶ 동사의 의지형과 권유형

동사의 의지형은 '~해야지'라는 의미로, 혼잣말로 앞으로 무엇인가를 하겠다는 자신의 의지를 나타낼 때, 권유형은 '~하자'라는 의미로, 상대에게 무엇인가를 어떤 행동을 권유할 때 사용합니다. 의지형과 권유형의 활용법은 같습니다.

❷ 1그룹 동사의 의지형과 권유형

1그룹 동사의 의지형과 권유형은 어미 「う, く, ぐ, す, つ, ぬ, ぶ, む, る」를 각각 「お, こ, ご, そ, と, の, ぼ, も, ろ」로 바꾼 후 「う」를 붙이면 됩니다.

<table>
<tr><td>예</td><td>会う → 会おう</td><td>만나야지 / 만나자</td></tr>
<tr><td></td><td>行く → 行こう</td><td>가야지 / 가자</td></tr>
<tr><td></td><td>泳ぐ → 泳ごう</td><td>헤엄쳐야지 / 헤엄치자</td></tr>
<tr><td></td><td>話す → 話そう</td><td>이야기해야지 / 이야기하자</td></tr>
<tr><td></td><td>待つ → 待とう</td><td>기다려야지 / 기다리자</td></tr>
<tr><td></td><td>死ぬ → 死のう</td><td>죽어야지 / 죽자</td></tr>
<tr><td></td><td>遊ぶ → 遊ぼう</td><td>놀아야지 / 놀자</td></tr>
<tr><td></td><td>飲む → 飲もう</td><td>마셔야지 / 마시자</td></tr>
<tr><td></td><td>分かる → 分かろう</td><td>알아야지 / 알자</td></tr>
<tr><td></td><td>作る → 作ろう</td><td>만들어야지 / 만들자</td></tr>
<tr><td></td><td>乗る → 乗ろう</td><td>타야지 / 타자</td></tr>
<tr><td>＊</td><td>帰る → 帰ろう</td><td>돌아가야지, 돌아와야지 / 돌아가자, 돌아오자</td></tr>
</table>

1그룹 동사의 의지형과 권유형 어미 う단 → お단 + う

예 明日(あした)また会(あ)おう。　내일 또 만나야지 / 만나자.

週末(しゅうまつ)はゆっくり休(やす)もう。　주말은 느긋하게 쉬어야지 / 쉬자.

また 또, 다시
ゆっくり 천천히, 느긋하게, 푹

✏️ 바로 확인하기

① 習(なら)う 배우다 → (　　　　　　　) 배워야지 / 배우자
② 歩(ある)く 걷다 → (　　　　　　　) 걸어야지 / 걷자
③ 出(だ)す 내다, 제출하다 → (　　　　　　　　　) 내야지, 제출해야지 / 내자, 제출하자
④ 立(た)つ 서다 → (　　　　　　　) 서야지 / 서자
⑤ 死(し)ぬ 죽다 → (　　　　　　　) 죽어야지 / 죽자
⑥ 呼(よ)ぶ 부르다 → (　　　　　　　) 불러야지 / 부르자
⑦ 読(よ)む 읽다 → (　　　　　　　) 읽어야지 / 읽자
⑧ 座(すわ)る 앉다 → (　　　　　　　) 앉아야지 / 앉자

정답 ①習(なら)おう ②歩(ある)こう ③出(だ)そう ④立(た)とう ⑤死(し)のう ⑥呼(よ)ぼう ⑦読(よ)もう ⑧座(すわ)ろう

③ 2그룹, 3그룹 동사의 의지형과 권유형

2그룹 동사의 의지형과 권유형은 어미 「る」를 삭제하고 「よう」로 바꿉니다.

예 見(み)る → 見(み)よう 봐야지 / 보자

起(お)きる → 起(お)きよう 일어나야지 / 일어나자

寝(ね)る → 寝(ね)よう 자야지 / 자자

食(た)べる → 食(た)べよう 먹어야지 / 먹자

開(あ)ける → 開(あ)けよう 열어야지 / 열자

3그룹 동사는 불규칙 동사이므로, 규칙이 따로 없습니다. 따라서 의지형과 권유형은 정해진 형태를 그대로 외우면 됩니다.

149

예 来る → 来よう 와야지 / 오자

する → しよう 해야지 / 하자

2그룹 동사의 의지형과 권유형 어미 る → よう

3그룹 동사의 의지형과 권유형 来る → 来よう
する → しよう

예 明日はもっと早く起きよう。 내일은 좀 더 일찍 일어나야지 / 일어나자.

来月からダイエットしよう。 다음 달부터 다이어트해야지 / 다이어트하자.

今度また来よう。 다음 번에 또 와야지 / 오자.

단어
もっと 더욱, 좀 더
来月 (らいげつ) 다음 달
~から ~부터, ~에서
今度 (こんど) 이번, 다음 번

PLUS

상대방에게 권유할 때는 「一緒に(함께, 같이)」를 사용해, 「今度また一緒に来よう。(다음 번에 또 같이 오자.)」와 같이 표현하는 경우가 많습니다. 또한 뒤에 「か」를 붙여 「今度また一緒に来ようか。(다음 번에 또 같이 올까?)」와 같이 사용할 수도 있습니다.

바로 확인하기

① 忘れる 잊다 → ( ) 잊어야지 / 잊자

② 教える 가르치다 → ( ) 가르쳐야지 / 가르치자

③ 出かける 외출하다 → ( ) 외출해야지 / 외출하자

④ 来る 오다 → ( ) 와야지 / 오자

⑤ する 하나 → ( ) 해야지 / 하지

정답 ①忘れよう ②教えよう ③出かけよう ④来よう ⑤しよう

그룹	동사 의지형 / 권유형
1그룹	**어미 う단 → お단 + う** 예 書く → 書こう 써야지 / 쓰자
2그룹	**어미 る → る + よう** 예 開ける → 開けよう 열어야지 / 열자
3그룹	**불규칙 변화** 예 来る → 来よう 와야지 / 오자 　　する → しよう 해야지 / 하자

1 다음 빈칸에 들어갈 알맞은 말을 골라 보세요.

1) 오늘은 일찍 자<u>야지</u>.

今日は早く寝＿＿＿。

① よ　② ろう　③ よう　④ ろ

2) 같이 놀<u>까</u>?

一緒に遊＿＿＿。

① ぼうか　② か　③ ぼう　④ ぼか

3) 여름 방학에 일본에 가<u>자</u>.

夏休みに日本へ行＿＿＿。

① こ　② よう　③ く　④ こう

2 보기의 단어를 이용해 문장을 완성해 보세요.

보기 歩く (걷다)　出かける (외출하다, 나가다)　会う (만나다)

1) 내일 또 <u>만나자</u>.

明日また＿＿＿＿＿＿＿＿。

2) 좀 더 천천히 <u>걷자</u>.

もっとゆっくり＿＿＿＿＿＿＿＿。

3) 오늘은 6시에 <u>외출해야지</u>.

今日は6時に＿＿＿＿＿＿＿＿。

③ ___★___ 에 들어갈 말로 1, 2, 3, 4에서 가장 알맞은 것을 골라 보세요.

1) 来月 ____ ____ __★__ ____ よう。

① アルバイト　　② し　　③ を　　④ から

2) 明日 ____ ____ ____ __★__ 休もう。

① だから　　② ゆっくり　　③ 休み　　④ は

3) 今日 ____ __★__ ____ ____ よう。

① やめ　　② ダイエット　　③ から　　④ を

3장. 세트로 공부하면 좋은 표현편

13과
존재표현

한국어와 다르게 일본어는 '있다'라고 하는 존재를 나타내는 동사
가 2개 있습니다. 이 동사들은 가리키는 대상이 무엇이냐에 따라
구별하여 사용합니다. 이 두 가지 존재표현의 사용법을 확실히
익혀 둡시다.

❶ 생물의 존재를 나타내는 いる

동사 「いる」는 사람이나 동물 등과 같이 움직이는 것, 즉 생물의 존재를 나타낼 때 사용하며, 의미는 '있다'입니다. 부정표현이자 무존재를 나타내는 표현은 「いない」이며, 의미는 '없다'입니다.

보통체　いる ↔ いない
　　　　　　있다　　없다

정중체　います ↔ いません
　　　　　　　　　　いないです
　　　　　　있습니다　　없습니다

예 公園にたくさんの子供たちがいます。

공원에 많은 아이들이 있습니다.

部屋には誰もいない。 방에는 아무도 없다.

猫はベッドの下にいる。 고양이는 침대 밑에 있다.

私は兄弟がいません。 저는 형제가 없습니다.

단어
公園(こうえん) 공원
たくさん 많음
~たち ~들
猫(ねこ) 고양이
ベッド 침대
下(した) 아래
兄弟(きょうだい) 형제

✏️ **바로 확인하기**

일본어의 존재를 나타내는 동사는 ① (　　　　　)개가 있습니다. 그중 「いる」는 사람이나 동물 등 움직이는 ② (　　　　　)이 '있다'고 할 때 사용합니다. 정중한 표현인 '있습니다'는 ③ (　　　　　)입니다. 부정표현인 '없다'는 ④ (　　　　　)이며, '없습니다'는 「いません / いないです」입니다.

정답 ① 2　②생물　③います　④いない

❷ 무생물의 존재를 나타내는 ある

동사 「ある」는 생물 외의 모든 무생물이 '있다'고 할 때 사용합니다. 기본적으로 움직이지 않는 것, 즉 사물의 존재를 나타낼 때 사용하며, 그 밖에 사실이나 현상 또는 생각, 감정 등 눈에 보이지 않는 것들에 대해서 이야기할 때도 「ある」를 사용합니다. 추가로 꽃이나 나무와 같이 생물이긴 하지만 스스로 움직이지 않는 식물의 경우에도 「ある」를 사용합니다. 부정표현이자 무존재를 나타내는 표현은 「あらない」가 아닌 형용사 「ない」이며, 의미는 '없다'입니다.

> **보통체** **ある ↔ ない**
> 있다   없다
>
> **정중체** **あります ↔ ありません**
> **ないです**
> 있습니다   없습니다

例 机の上にノートパソコンがある。　책상 위에 노트북이 있다.

かばんの中には何もありません。　가방 안에는 아무것도 없습니다.

明日、隅田川で花火大会があります。

내일 스미다가와에서 불꽃놀이가 있습니다.

時間があまりない。　시간이 별로 없다.

ちょっとお願いがあります。　잠깐 부탁이 있습니다.

私には夢があります。　저에게는 꿈이 있습니다.

テーブルの隣にバラの花があります。

테이블 옆에 장미꽃이 있습니다.

庭に桜の木がある。　정원에 벚나무가 있다.

단어

机(つくえ) 책상 | 上(うえ) 위

ノートパソコン 노트북

かばん 가방 | 中(なか) 안, 속

隅田川(すみだがわ) 스미다가와
(도쿄의 하천 이름)

花火大会(はなびたいかい) 불꽃
놀이

ちょっと 조금, 좀, 약간, 잠깐

お願(ねが)い 부탁, 바람

夢(ゆめ) 꿈 | テーブル 테이블

隣(となり) 옆, 이웃

バラの花(はな) 장미꽃

庭(にわ) 정원

桜(さくら)の木(き) 벚나무

✏️ **바로 확인하기**

생물 외의 모든 ① (　　　　　)이 '있다'고 표현할 때는 「ある」를 사용합니다. 기본적으로 움직이지
않는 ② (　　　　　)이나 사실 및 감정, 그리고 꽃이나 나무 같은 ③ (　　　　　)의 경우에도 사용합
니다. 정중한 표현인 '있습니다'는 ④ (　　　　　)이며, 부정표현인 '없다'는 ⑤ (　　　　　), '없습니
다'는 「ありません / ないです」입니다.

정답 ①무생물　②사물　③식물　④あります　⑤ない

③ 위치 명사

생물이나 무생물의 위치를 나타내고자 할 때 자주 사용하는 명사입니다. 위치 명사의 뒤에는 주로 공
간적 위치를 나타내는 조사 「に(~에)」가 옵니다.

<ruby>上<rt>うえ</rt></ruby> 위	<ruby>下<rt>した</rt></ruby> 아래, 밑	<ruby>中<rt>なか</rt></ruby> 안, 속
<ruby>前<rt>まえ</rt></ruby> 앞	<ruby>後<rt>うし</rt></ruby>ろ 뒤	<ruby>間<rt>あいだ</rt></ruby> 사이, 가운데
<ruby>内<rt>うち</rt></ruby> 안, 속	<ruby>外<rt>そと</rt></ruby> 밖, 바깥	<ruby>向<rt>む</rt></ruby>かい 맞은편
<ruby>左<rt>ひだり</rt></ruby> 왼쪽	<ruby>右<rt>みぎ</rt></ruby> 오른쪽	<ruby>向<rt>む</rt></ruby>こう 건너, 너머
よこ 옆, 가로	そば 옆, 근처	<ruby>隣<rt>となり</rt></ruby> 옆, 이웃

존재표현	생물	무생물
존재 -보통체	**いる** 있다	**ある** 없다
존재 -정중체	**います** 있습니다	**あります** 있습니다
무존재(부정표현) -보통체	**いない** 없다	**ない** 없다
무존재(부정표현) -정중체	**いません** **/ いないです** 없습니다	**ありません** **/ ないです** 없습니다

1 다음 빈칸에 들어갈 알맞은 말을 골라 보세요.

1) 공원에 고양이가 <u>있다</u>.

公園に猫が ＿＿＿＿。

① ある　　② ない　　③ いる　　④ いない

2) 책상 위에 꽃이 <u>있습니다</u>.

机の上に花が ＿＿＿＿。

① います　　② あります　　③ いません　　④ ありません

3) 오늘은 별로 시간이 <u>없다</u>.

今日はあまり時間が ＿＿＿＿。

① ない　　② いない　　③ ある　　④ あらない

2 보기의 단어를 이용해 문장을 완성해 보세요.

보기 ある　　いる

1) 정원에 나무가 <u>있습니다</u>.

庭に木が ＿＿＿＿＿＿＿＿＿＿＿＿＿＿＿＿＿＿＿。

2) 잠깐 시간 있습니까?

ちょっと時間 ＿＿＿＿＿＿＿＿＿＿＿＿＿＿＿＿＿＿。

3) 방에는 아무도 <u>없습니다</u>.

部屋には誰も ＿＿＿＿＿＿＿＿＿＿＿＿＿＿＿＿＿＿。

3 ___★___ 에 들어갈 말로 1, 2, 3, 4에서 가장 알맞은 것을 골라 보세요.

1) テーブル ＿＿＿＿ ＿＿＿＿ ＿★＿ ＿＿＿＿ない。
　　① 下　　② 何も　　③ には　　④ の

2) 部屋 ＿＿＿＿ ＿＿＿＿ ＿＿＿＿ ＿★＿います。
　　① 子供たち　　② に　　③ たくさんの　　④ が

3) ベッド＿＿＿＿ ＿★＿ ＿＿＿＿ ＿＿＿＿あります。
　　① 上に　　② が　　③ パソコン　　④ の

14과
비교표현

비교표현은 비교사항 중 정도가 높은 것을 나타내는 표현으로, 두 가지를 비교하는 표현과 세 가지 이상을 비교하는 표현이 있습니다.

① Aと Bと どちらが ～ですか A와 B 중 어느 쪽이 ~합니까?

두 가지 사항 중 어느 쪽이 더 정도가 높은지 묻는 표현입니다. A, B 두 개의 명사 뒤에 각각 조사 「と (~와/과)」를, 그리고 「どちらが(어느 쪽/편이)」를 붙인 후, 형용사 뒤에 「ですか(~합니까?)」를 붙이면 됩니다. 의미는 'A와 B 중 어느 쪽이 ~합니까?'입니다.

> **두 가지 사항에 대한 비교 질문**
>
> # 명사A + と + 명사B + と + どちらが + 형용사ですか
>
> A와 B 중 어느 쪽이 ~합니까?

예 日本語と中国語とどちらが簡単ですか。

일본어와 중국어 중 어느 쪽이 간단합니까?

春と秋とどちらが好きですか。

봄과 가을 중 어느 쪽을 좋아합니까?

단어

中国語(ちゅうごくご) 중국어
簡単(かんたん)だ 간단하다
春(はる) 봄 | 秋(あき) 가을

바로 확인하기

① コーヒー(   )紅茶とどちらが好きですか。

커피와 홍차 중 어느 쪽을 좋아합니까?

② バラとチューリップと(   )きれいですか。

장미와 튤립 중 어느 쪽이 예쁩니까?

정답 ①と ②どちらが

단어

コーヒー 커피
紅茶(こうちゃ) 홍차
バラ 장미
チューリップ 튤립
きれいだ 예쁘다, 깨끗하다

② Aより Bの方が ～です   A보다 B 쪽이 ~합니다

두 가지 사항 중 어느 쪽이 더 정도가 높은지 나타내는 표현입니다. 명사A 뒤에 조사 「より(~보다)」를, 명사B에는 「の方が(~의 쪽/편이)」를 붙인 후, 형용사 뒤에 「です(~합니다)」를 붙이면 됩니다. 의미는 'A보다 B쪽이 ~합니다'입니다.

두 가지 사항의 비교

명사A + より + 명사B + の方が + 형용사です

A보다 B 쪽이 ~합니다

예 東京タワーよりスカイツリーの方が高いです。

도쿄타워보다 스카이트리 쪽이 높습니다.

バスより電車の方が速いです。

버스보다 전철 쪽이 빠릅니다.

단어

東京(とうきょう)タワー 도쿄 타워

スカイツリー 스카이트리

高(たか)い 높다, 비싸다

速(はや)い 빠르다

동사를 사용해 두 가지 행위 중 어느 쪽이 더 정도가 높은지를 나타낼 수도 있습니다. 활용은 동사A 뒤에 조사 「より(~하는 것보다)」를, 동사B 뒤에 「方が(~하는 쪽/편이)」를 붙이는데, 이때 동사의 형태는 보통체입니다. 그리고 형용사나 동사 뒤에 각각 「です / ます(~합니다)」를 붙이면 됩니다. 의미는 'A 하는 것보다 B 하는 쪽이 ~합니다'입니다.

두 가지 행위의 비교

동사A(보통체) + より + 동사B(보통체) + 方が + 형용사です
동사ます

A 하는 것보다 B 하는 쪽이 ~합니다

STEP 1 용법 익히기

예 スポーツは自分でするより、見る方が好きです。

스포츠는 스스로 하는 것보다 보는 쪽을 좋아합니다.

電話するより直接会って話した方が、気持ちが伝ります。

전화하는 것보다 직접 만나서 이야기하는 쪽이 마음이 전달됩니다.

단어

スポーツ 스포츠
自分(じぶん)で 스스로
電話(でんわ)する 전화하다
直接(ちょくせつ) 직접
気持(きも)ち 마음, 기분
伝(つた)わる 전하다

바로 확인하기

① コンビニ(　　　)スーパーの方が安いです。

편의점보다 슈퍼마켓 쪽이 쌉니다.

② 映画は一人で見るより、皆で見る(　　　)面白いです。

영화는 혼자 보는 것보다 다 함께 보는 쪽이 재미있습니다.

정답 ①より ②方が

단어

コンビニ 편의점
スーパー 슈퍼마켓
安(やす)い 싸다
一人(ひとり)で 혼자서
皆(みんな)で 다 함께
面白(おもしろ)い 재미있다

❸ Aの中でBが一番～ですか A 중에서 B가 가장 ~합니까?

이 표현은 세 가지 이상의 사항 중 어느 것이 가장 정도가 높은지를 묻는 표현입니다. 먼저 큰 범주가 되는 명사A 뒤에 「中で(~중에서)」를 붙입니다. 그리고 「何(무엇)」, 「誰(누구)」, 「いつ(언제)」, 「どれ(어느 것)」와 같은 의문사B 뒤에 「が一番(~이/가 가장/제일)」을 붙인 후, 형용사 뒤에 「ですか(~합니까?)」를 붙이면 됩니다. 의미는 'A 중에서 B가 가장 ~합니까?'입니다. 「中で」 앞에는 조사 「の」가, 그리고 「一番」 앞에는 조사 「を」가 아닌 「が」가 붙는다는 것을 꼭 기억하세요.

세 가지 이상 사항에 대한 비교 질문

명사A + の中で + 의문사B + が一番 + 형용사ですか

A 중에서 B가 가장 ~합니까?

예 果物の中で、何が一番甘いですか。

과일 중에서 무엇이 가장 답니까?

クラスのの中で、誰が一番真面目ですか。

반 안에서 누가 가장 성실합니까?

단어
果物(くだもの) 과일
甘(あま)い 달다
クラス 클래스, 반
真面目(まじめ)だ 성실하다, 진지하다

📝 **바로 확인하기**

① 日本の俳優(）、誰が一番かっこいいですか。

일본 배우 중에서 누가 가장 멋있습니까?

② 季節の中で、いつ(）一番暖かいですか。

계절 중에서 언제가 가장 따뜻합니까?

정답 ①の中で ②が

단어
俳優(はいゆう) 배우
かっこいい 멋있다
季節(きせつ) 계절
暖(あたた)かい 따뜻하다

④ Aの中で Bが 一番 〜です A 중에서 B가 가장 ~합니다

이 표현은 세 가지 이상의 사항 중 어느 것이 가장 정도가 높은지를 나타내는 표현입니다. 먼저 큰 범주가 되는 명사A 뒤에 「の中で(~중에서)」를 붙이고, 가장 정도가 높다고 생각되는 명사B 뒤에 「が一番(~이/가 가장/제일)」을 붙인 후, 형용사 뒤에 「です(합니다)」를 붙이면 됩니다. 의미는 'A 중에서 B가 가장 ~합니다'입니다.

세 가지 이상 사항의 비교

명사A + の中で + 명사B + が一番 + 형용사です

A 중에서 B가 가장 ~합니다

예 友だちの中で、南さんが一番優しいです。

친구들 중에서 미나미 씨가 가장 상냥합니다.

日本の食べ物の中で、寿司が一番有名です。

일본 음식 중에서 초밥이 가장 유명합니다.

단어
優(やさ)しい 상냥하다
食(た)べ物(もの) 음식
寿司(すし) 초밥
有名(ゆうめい)だ 유명하다

바로 확인하기

① ピザの(　　　　)、ペパロニピザが一番好きです。

피자 중에서 페퍼로니 피자를 가장 좋아합니다.

② 家族の中で、妹が(　　　　)背が高いです。

가족 중에서 여동생이 가장 키가 큽니다.

정답 ① 中で ② 一番

단어
ピザ 피자
ペパロニピザ 페퍼로니 피자
家族(かぞく) 가족
背(せ)が高(たか)い 키가 크다

비교표현	활용방법
두 가지 사항에 대한 비교 질문	명사A + と + 명사B + と + どちらが + 형용사ですか 예 AとBとどちらが好きですか。　A와 B 중 어느 쪽을 좋아합니까?
두 가지 사항의 비교	명사A + より + 명사B + の方が + 형용사です 예 AよりBの方が好きです。　A보다 B 쪽을 좋아합니다.
두 가지 행위의 비교	동사A(보통체) + より + 동사B(보통체) + 方が + 형용사です / 동사ます 예 AよりB方が好きです。　A 하는 것보다 B 하는 쪽을 좋아합니다.
세 가지 이상 사항에 대한 비교 질문	명사A + の中で + 의문사B + が一番 + 형용사ですか 예 Aの中でBが一番好きですか。　A 중에서 B를 가장 좋아합니까?
세 가지 이상 사항의 비교	명사A + の中で + 명사B + が一番 + 형용사です 예 Aの中でBが一番好きです。　A 중에서 B를 가장 좋아합니다.

1 다음 빈칸에 들어갈 알맞은 말을 골라 보세요.

1) 고양이보다 개 <u>쪽</u>을 좋아합니다.

　猫より犬 _____ が好きです。

　① の方　② 中　③ より　④ 方

2) 한자는 읽는 것보다 쓰는 쪽이 어렵습니다.

　漢字は読む _____ 書く方が難しいです。

　① の中　② 中で　③ のより　④ より

3) 선생님 <u>중에서</u>, 누가 가장 상냥합니까?

　先生 _____ 、誰が一番優しいですか。

　① で　② の中で　③ 方で　④ 中で

2 보기의 단어를 이용해 문장을 완성해 보세요.

　보기 方が　より　中で

1) 과일 <u>중에</u> 무엇이 가장 맛있습니까?

　果物 _____何が一番美味しいですか。

2) 쿠키는 먹는 <u>것보다</u> 만드는 쪽이 즐겁습니다.

　クッキーは食べる _____作る方が楽しいです。

3) 돼지고기보다 소고기 <u>쪽</u>이 비쌉니다.

　豚肉より牛肉 _____が高いです。

③ ___★___에 들어갈 말로 1, 2, 3, 4에서 가장 알맞은 것을 골라 보세요.

1) アニメ ____ ____ ___★___ ____ です。
　　① 面白い　　② 一番　　③ 「ドラゴンボール」が　　④ の中で

2) 音楽の ____ ___★___ ____ ____ 好きです。
　　① J-POPが　　② ジャンルの　　③ 一番　　④ 中で

3) 休日は ____ ____ ____ ___★___ 方が楽しいです。
　　① 一人で　　② 友だちと　　③ 過ごす　　④ 遊ぶより

15과
희망표현

희망표현은 소원이나 바람을 나타내는 표현으로, 「ほしい(갖고 싶다, 탐나다)」라는 형용사를 사용합니다. 말하는 사람 또는 다른 사람의 소원이나 바람을 나타내는 다양한 표현이 있습니다. 각각의 사용법을 잘 익혀 봅시다.

❶ ～がほしい ~을/를 가지고 싶다

「ほしい」는 '갖고 싶다, 탐나다'라는 의미로, 말하는 사람 자신의 소망이나 바람을 나타냅니다. '명사 + がほしい'와 같이 사용하며, 명사 뒤에 조사 「が」를 사용하지만 해석은 자연스럽게 '~을/를 가지고 싶다'라고 합니다. 부정표현은 い형용사의 부정형과 마찬가지로, 「い」를 삭제한 후 「くない」를 붙여 '명사 + はほしくない'와 같이 바꾸면 됩니다. 부정의 경우에는 명사 뒤에 조사 「は」가 오는 것이 일반적이며, 의미는 '~은/는 가지고 싶지 않다'입니다. 정중체는 각각 뒤에 「です」를 붙이면 됩니다.

> **긍정형** 　명사 + が + ほしい
> ~을/를 가지고 싶다
>
> **부정형** 　명사 + は + ほしくない
> ~은/는 가지고 싶지 않다

예 　自分の部屋がほしい。　내 방을 가지고 싶다.
じ ぶん　 へ や

日本人の友だちがほしいです。　일본인 친구를 가지고 싶습니다.
に ほんじん　　 とも

新しいカメラはあまりほしくない。
あたら

새 카메라는 그다지 가지고 싶지 않다.

お金なんて別にほしくないです。　돈 따위 별로 가지고 싶지 않습니다.
かね　　 べつ

단어

自分(じぶん) 자기, 자신
新(あたら)**しい** 새롭다
カメラ 카메라
お金(かね) 돈
～なんて ~따위
別(べつ)**に** 별로

⁺PLUS

동사로 자신의 행위에 대한 희망을 나타내고 싶을 때는 4장 21과의 「～たい(~하고 싶다)」를 사용합니다.

① 新しいスマホが(   )です。

새 스마트폰을 <u>가지고 싶습니다</u>.

② 安いノートパソコンは(   )ない。

싼 노트북은 <u>가지고 싶지</u> 않다.

スマホ 스마트폰
ノートパソコン 노트북

정답 ① ほしい ② ほしく

2 ～をほしがる ~을/를 가지고 싶어하다

「ほしがる」는 '갖고 싶어하다, 탐내다'라는 의미로, 말하는 사람이 아닌 다른 사람의 소망이나 바람을 나타냅니다. '명사 + をほしがる'와 같이 사용하며, 의미는 '~을/를 가지고 싶어하다'입니다. 부정표현은 1그룹 동사의 ない형과 마찬가지로, 어미 「る」를 「ら」로 바꾼 후 「ない」를 붙여 '명사 + をほしがらない'와 같이 바꾸면 되며, 의미는 '~을/를 가지고 싶어하지 않다'입니다.

긍정형 **명사 + を + ほしがる**
~을/를 가지고 싶어하다

부정형 **명사 + を + ほしがらない**
~을/를 가지고 싶어하지 않다

예 弟 はタブレットをほしがっている。

남동생은 태블릿을 가지고 싶어한다. (가지고 싶어하고 있다.)

村上さんはあまりものをほしがらない。

무라카미 씨는 그다지 물건을 가지고 싶어하지 않는다.

タブレット 태블릿
もの 물건

175

⁺PLUS

기본형은 '명사+をほしがる'이지만 주로 희망하고 있는 상태를 나타내므로, '명사+をほしがっている'
와 같이 동사의 て형을 활용한 「〜ている」의 형태로 자주 사용됩니다. 「〜ている」 문형에 관해서는 4장
23과에서 다룹니다.

바로 확인하기

① 父は新しい財布を(　　　　　)いる。
　　ちち　あたら　　さいふ

아버지는 새 지갑을 가지고 싶어한다. (가지고 싶어하고 있다.)

② 息子はおもちゃを(　　　　　)。
　　むすこ

아들은 장난감을 가지고 싶어하지 않는다.

단어
財布(さいふ) 지갑
おもちゃ 장난감

정답 ①ほしがって ②ほしがらない

❸ 〜てほしい ~했으면/해 줬으면 좋겠다

상대방이 자신에게 어떠한 행위를 해 주거나 특별한 대상 없이 어떠한 현상이 일어나기를 바라는 표
현입니다. '동사 て형 + ほしい'와 같이 사용하는데, 동사의 て형이 「で」로 바뀌는 단어의 경우는 「〜
でほしい」와 같이 사용합니다. 의미는 '~했으면/해 줬으면 좋겠다'입니다. 부정표현은 '동사 て형 +
ほしくない'이며, 의미는 '~하지 않았으면/하지 않아 줬으면 좋겠다'입니다. 문장 속에 대상이 오는
경우 그 뒤에는 조사 「に」가 오는 것이 일반적이며, 해석은 자연스럽게 '~이/가'라고 합니다. 정중체는
각각 뒤에 「です」를 붙이면 됩니다.

> **긍정형** # 동사 て형 + ほしい
> ~했으면/해 줬으면 좋겠다
>
> **부정형** # 동사 て형 + ほしくない
> ~하지 않았으면/하지 않아 줬으면 좋겠다

예 食事の時は、音を立てないで食べてほしいです。

식사할 때는 소리를 내지 않고 먹었으면 좋겠습니다.

今日は無理しないでゆっくり休んでほしい。

오늘은 무리하지 말고 푹 쉬었으면 좋겠다.

早く暖かくなってほしい。　　빨리 따뜻해졌으면 좋겠다.

汚い言葉は使ってほしくないです。

지저분한 말은 사용하지 않았으면 좋겠습니다.

彼にタバコを吸ってほしくないと思っている。

그가 담배를 피우지 않아 줬으면 좋겠다고 생각하고 있다.

단어

食事(しょくじ) 식사
音(おと)を立(た)てる 소리를 내다
無理(むり)する 무리하다
暖(あたた)かくなる 따뜻해지다
汚(きたな)い 더럽다, 지저분하다
言葉(ことば) 말
使(つか)う 사용하다
タバコを吸(す)う 담배를 피우다
〜と思(おも)う 〜라고 생각하다

바로 확인하기

① うるさいから静かにし(　　　　　)。

시끄러우니까 조용히 해 줬으면 좋겠다.

② 恋人にバイト先に来て(　　　　　)。

애인이 아르바이트하는 곳에 오지 않았으면 좋겠다.

정답 ① てほしい ② ほしくない

단어

うるさい 시끄럽다
〜から 〜이기 때문에
静(しず)かだ 조용하다
恋人(こいびと) 애인
バイト先(さき) 아르바이트하는 곳, 아르바이트 장소

---

④ 〜ないでほしい ~하지 않기를 바란다

'동사 て형 + ほしくない'와 비슷한 부정표현으로 '동사 ない형 + ないでほしい'가 있습니다. 말하는 사람 자신의 소망이나 희망, 상대방에 대한 요구 또는 요청을 나타내는 표현으로, 의미는 '~하지 않기를 바란다'입니다. 정중체는 뒤에「です」를 붙이면 됩니다.

동사 ない형 + ないでほしい

~하지 않기를 바란다

예 明日運動会だから、雨が降らないでほしい。

내일 운동회라 비가 내리지 않기를 바란다.

タバコを吸わないでほしいです。

담배를 피우지 않기를 바랍니다.

단어
運動会(うんどうかい) 운동회
雨(あめ)が降(ふ)る 비가내리다

PLUS

비슷한 부정표현이지만 「~てほしくない」보다 「~ないでほしい」쪽이 비교적 강한 느낌이 듭니다.

바로 확인하기

明日は遅れ(   )。 내일은 늦지 않기를 바란다.

정답 ないでほしい

단어
遅(おく)れる 늦다

희망표현	형태	활용 방법
～がほしい ~을/를 가지고 싶다	긍정형	**명사 + が + ほしい** 예 スマホがほしい。　스마트폰을 가지고 싶다.
	부정형	**명사 + は + ほしくない** 예 スマホはほしくない。　스마트폰은 가지고 싶지 않다.
～をほしがる ~을/를 가지고 싶어하다	긍정형	**명사 + を + ほしがる** 예 スマホをほしがる。　스마트폰을 가지고 싶어한다.
	부정형	**명사 + を + ほしがらない** 예 スマホをほしがらない。　스마트폰을 가지고 싶어하지 않는다.
～てほしい ~했으면/해 줬으면 좋겠다	긍정형	**동사 て형 + ほしい** 예 来てほしい。　왔으면 좋겠다.
	부정형	**동사 て형 + ほしくない** 예 来てほしくない。　오지 않았으면 좋겠다.
～ないでほしい ~하지 않기를 바란다		**동사 ない형 + ないでほしい** 예 来ないでほしい。　오지 않기를 바란다.

① 다음 빈칸에 들어갈 알맞은 말을 골라 보세요.

1) 꿈을 향해서 노력했으면 좋겠습니다.

夢に向かって、頑張っ＿＿＿ です。

① ほしい　② てほしがる　③ でほしい　④ てほしい

2) 새 장난감을 가지고 싶다.

新しいおもちゃが＿＿＿。

① ほしがる　② ほしい　③ てほしがる　④ てほしい

3) 아이들이 싸우지 않았으면 좋겠다.

子供たちにけんかし＿＿＿。

① てほしくない　② でほしくない　③ ほしがらない　④ ほしい

② 보기의 단어를 이용해 문장을 완성해 보세요.

[보기] ほしい　てほしい　ほしがる

1) 어머니는 다이아 반지를 가지고 싶어한다. (가지고 싶어하고 있다.)

母はダイヤの指輪を＿＿＿＿＿＿＿＿＿＿＿＿＿＿。

2) 큰 텔레비전을 가지고 싶다.

大きいテレビが＿＿＿＿＿＿＿＿＿＿＿＿＿＿。

3) 좀 더 자신을 소중히 했으면 좋겠다.

もっと自分を大事にし＿＿＿＿＿＿＿＿＿＿＿＿＿。

3 ★ 에 들어갈 말로 1, 2, 3, 4에서 가장 알맞은 것을 골라 보세요.

1) 安い ＿＿＿ ＿＿＿ ＿★＿ ＿＿＿ です。

　① ほしく　② 財布　③ ない　④ は

2) 今日は ＿＿＿ ＿＿＿ ＿＿＿ ＿★＿ です。

　① ゆっくり　② 家で　③ ほしい　④ 休んで

3) 音を ＿★＿ ＿＿＿ ＿＿＿ ＿＿＿ です。

　① ないで　② 立てて　③ ほしい　④ 食べ

16과
결정표현 및 노력과 변화표현

결정표현은 결정을 누가 하느냐에 따라 크게 두 가지로 나눌 수 있습니다. 또한 이 두 가지의 표현과 헷갈릴 수 있는 노력과 변화를 나타내는 두 가지 표현도 있으므로 각각의 표현의 쓰임새를 정확히 익혀 둡시다.

① [결정] 〜ことにする ~하기로 하다

말하는 사람의 의지나 판단에 의한 주관적인 결정을 나타내는 표현으로, 동사의 기본형과 ない형에 접속합니다. 의미는 각각 '~하기로 하다', '~하지 않기로 하다'입니다. 주로 사용되는 형태와 뉘앙스로, 「〜ことにする」는 '말하고 있는 지금 결정했다', 「〜ことにした」는 '말하고 있는 지금보다 전에 이미 결정했다', 「〜ことにしている」는 '말하고 있는 지금보다 전에 결정한 것을 지금도 계속하고 있다'가 있습니다.

긍정형 **동사 기본형 + ことにする**
~하기로 하다

부정형 **동사 ない형 + ないことにする**
~하지 않기로 하다

예
今日は早く寝ることにする。 오늘은 일찍 자기로 한다.
日本に留学することにした。 일본에 유학하기로 했다.
毎日ジョギングをすることにしている。
매일 아침 조깅을 하기로 하고 있다.
健康のために、タバコは吸わないことにしている。
건강을 위해서 담배는 피우지 않기로 하고 있다.

단어
留学(りゅうがく)する 유학하다
ジョギング 조깅
健康(けんこう) 건강
〜のために ~을/를 위해서

바로 확인하기

① 明日からフランス語の勉強をする(   )。
내일부터 프랑스어 공부를 하기로 했다.

② 節約のために、クーラーをつけない(   )。
절약을 위해서 쿨러를 켜지 않기로 하고 있다.

단어
〜から ~부터, ~에서
フランス語(ご) 프랑스어
節約(せつやく) 절약
クーラー 쿨러, 냉방장치
つける 켜다

정답 ①ことにした ②ことにしている

② [결정] ~ことになる ~하게 되다

말하는 사람이 아닌 다른 사람에 의한 결정을 나타내는 표현으로, 동사의 기본형과 ない형에 접속합니다. 의미는 각각 '~하게 되다', '~하지 않게 되다'입니다. 주로 사용되는 형태와 뉘앙스로, 「~ことになった」는 '이미 결정되었다', 「~ことになっている」는 '예정, 규칙, 습관이다, 즉 그렇게 정해져 있다'가 있습니다.

> **긍정형** 동사 기본형 + ことになる
> ~하게 되다
>
> **부정형** 동사 ない형 + ないことになる
> ~하지 않게 되다

예 来年アメリカで働くことになった。
내년에 미국에서 일하게 되었다.

日本では、車は右車線を走ることになっている。
일본에서는 차는 오른쪽 차선을 달리게 되어 있다.

このアパートではペットを飼ってはいけないことになっている。 이 아파트에서는 반려동물을 키워서는 안 되게 되어 있다.

단어
アメリカ 미국
働(はたら)く 일하다
~では ~에서는
右車線(みぎしゃせん) 오른쪽 차선
走(はし)る 달리다
アパート 아파트
ペット 반려동물
飼(か)う 키우다, 기르다

➕PLUS

동사 ない형에 접속하는 경우에는 주로 동사 て형을 활용한 문형인 「~てはいけない(~해서는 안 된다)」 형태와 접속하는 경우가 일반적입니다. 「~てはいけない」에 관한 문형은 4장 23과에서 다룹니다.
그리고, 예외적으로 「彼と結婚することになった。(그와 결혼하게 되었다.)」와 같이 자신의 결정이지만 「~ことになった」를 사용해 완곡하게 말하는 경우도 있습니다.

단어
結婚(けっこん)する 결혼하다

바로 확인하기

① 病気で入院する(　　　　　　　)。 병으로 입원하게 되었다.

② ここでは半ズボンを穿いてはいけない(　　　　　　　)。

이곳에서는 반바지를 입어서는 안 되게 되어 있다.

정답 ① ことになった　② ことになっている

単어

病気(びょうき) 병
入院(にゅういん)する 입원하다
半(はん)ズボン 반바지
穿(は)く (하의를) 입다, 신다

---

3 [노력] ～ようにする ~하도록 하다

어떤 목적을 달성하기 위해 의식적으로 노력하는 것을 나타내는 표현으로, 동사의 기본형과 ない형에 접속합니다. 의미는 각각 '~하도록 하다', '~하지 않도록 하다'입니다. 주로 사용되는 형태와 뉘앙스로, 「～ようにする」는 '앞으로 목적을 달성하기 위해서 열심히 노력하겠다', 「～ようにしている」는 '목적 달성을 위해서 계속 열심히 노력하고 있다, 습관이 되었다'가 있습니다.

긍정형 **동사 기본형 + ようにする**
~하도록 하다

부정형 **동사 ない형 + ないようにする**
~하지 않도록 하다

예 明日からできるだけ、野菜を食べるようにする。

내일부터 가능한 한 채소를 먹도록 하겠다.

職場では、必要以上に話さないようにしている。

직장에서는 필요 이상으로 이야기하지 않도록 하고 있다.

節約のために、外食は減らすようにしましょう。

절약을 위해서 외식을 줄이도록 합시다.

遅くとも2時には寝るようにしてください。

늦어도 2시에는 자도록 해 주세요.

単어

できるだけ 가능한 한, 되도록
職場(しょくば) 직장
必要(ひつよう) 필요
外食(がいしょく) 외식
減(へ)らす 줄이다
遅(おそ)くとも 늦어도

186

바로 확인하기

① 毎日 ２時間、日本語の勉強をする(   )。

매일 2시간 일본어 공부를 <u>하도록 하고 있다</u>.

② 寝る前には、何も食べ(   )。

자기 전에는 아무 것도 먹지 <u>않도록 하고 있다</u>.

정답 ①ようにしている ②ないようにしている

4 [변화] **~ようになる** ~하게 되다

상황이나 능력에 변화가 생긴 것을 나타내는 표현으로, 동사의 기본형, ない형, 그리고 가능형에 접속
합니다. 의미는 각각 '~하게 되다', '~하지 않게 되다', '~할 수 있게 되다'입니다. 주로 사용되는 형태와
뉘앙스로, 「~ようになった」는 '전에는 A였지만 지금은 B이다, 전과 다르다', 「~ようになってい
る」는 '어떤 목적을 위해서 그렇게 만들어져 있다'가 있습니다.

긍정형 **동사 기본형 + ようになる**

~하게 되다

부정형 **동사 ない형 + ないようになる**

~하지 않게 되다

가능형 **동사 가능형 + ようになる**

~할 수 있게 되다

STEP 1 용법 익히기

예 結婚してから朝ご飯を食べるようになった。

결혼하고 나서 아침밥을 먹게 되었다.

最近、兄とあまりけんかしないようになった。

요즘 오빠랑 별로 싸우지 않게 되었다.

今やスマホ一つで何でもできるようになった。

이제 스마트폰 하나로 뭐든지 할 수 있게 되었다.

このボタンを押すと、切符が出るようになっている。

이 버튼을 누르면, 표가 나오게 되어 있다.

단어

~てから ~하고 나서
朝(あさ)ご飯(はん) 아침밥
けんかする 싸우다
今(いま)や 이제
一(ひと)つ 하나, 한 개
何(なん)でも 뭐든지
できる 할 수 있다(する의 가능형)
ボタン 버튼, 단추
押(お)す 누르다, 밀다
切符(きっぷ) 표

PLUS

동사의 가능형은 3장 19과에서 학습할 수 있으니 참고해 주세요.

바로 확인하기

① 最近、夜中に目が覚める( ).

요즘 밤중에 눈이 떠지게 되었다.

② この頃、あまり出かけ( ).

요즘 별로 외출하지 않게 되었다.

③ 辛いものが食べられる( ).

매운 것을 먹을 수 있게 되었다.

단어

夜中(よなか) 밤중
目(め)が覚(さ)める 눈이 떠지다
この頃(ごろ) 요즘
出(で)かける 외출하다, 나가다
辛(から)いもの 매운 것
食(た)べられる 먹을 수 있다
(食べる의 가능형)

정답 ①ようになった ②ないようになった ③ようになった

188

결정 및 노력, 변화표현	형태	활용 방법
~ことにする ~하기로 하다	긍정형	**동사 기본형 + ことにする** 예 行くことにする。 가기로 하다.
	부정형	**동사 ない형 + ないことにする** 예 行かないことにする。 가지 않기로 하다.
~ことになる ~하게 되다	긍정형	**동사 기본형 + ことになる** 예 行くことになる。 가게 되다.
	부정형	**동사 ない형 + ないことになる** 예 行かないことになる。 가지 않게 되다.
~ようにする ~하도록 하다	긍정형	**동사 기본형 + ようにする** 예 行くようにする。 가도록 하다.
	부정형	**동사 ない형 + ないようにする** 예 行かないようにする。 가지 않도록 하다.
~ようになる ~하게 되다	긍정형	**동사 기본형 + ようになる** 예 行くようになる。 가게 되다.
	부정형	**동사 ない형 + ないようになる** 예 行かないようになる。 가지 않게 되다.
	가능형	**동사 가능형 + ようになる** 예 行けるようになる。 갈 수 있게 되다.

1 다음 빈칸에 들어갈 알맞은 말을 골라 보세요.

1) 단 것을 먹지 않<u>도록 하고 있다</u>.

甘いものを食べない ＿＿＿。

① ことにしている　　② ようにしている

③ ことになる　　　　④ ようになる

2) <u>그와는 헤어지기로 했다</u>.

彼とは別れる ＿＿＿。

① ことになった　　　② ようにした

③ ようになっている　④ ことにした

3) 요즘 커피를 마실 수 <u>있게 되었다</u>.

最近、コーヒーが飲める ＿＿＿。

① ことにする　　　② ことになる

③ ようになった　　④ ことになった

2 보기의 단어를 이용해 문장을 완성해 보세요.

보기　見る(보다)　　ジョギングする(조깅하다)　　働く(일하다)

1) 내년에 일본에서 <u>일하게 되었다</u>.

来年、日本で ＿＿＿＿＿＿＿＿＿＿＿＿＿＿＿＿＿。

2) 요즘 살이 쪄서 <u>조깅하기로 했다</u>.

最近、太ったので ＿＿＿＿＿＿＿＿＿＿＿＿＿＿＿＿＿。

3) 자기 전에는 스마트폰을 <u>보지 않도록 하고 있다</u>.

寝^ねる前^{まえ}はスマホを _____。

3 ★ 에 들어갈 말로 1, 2, 3, 4에서 가장 알맞은 것을 골라 보세요.

1) 健康^{けんこう}のために、____★____ ____ ____ してください。

① 食^たべる   ② 野菜^{やさい}   ③ ように   ④ を

2) このボタンを ____ ____★____ ____ ____ なっている。

① タバコが   ② ように   ③ 出^でる   ④ 押^おすと

3) 結婚^{けっこん} ____ ____ ____ ____★ ようになった。

① お酒^{さけ}   ② してから   ③ 飲^のまない   ④ を

17과
권유표현

동사의 ます형을 활용한 정중체의 권유형은 크게 세 가지가 있습니다. 이 표현들은 상대에게 함께 무언가를 하자고 정중하게 권유할 때 사용합니다. 세 표현의 차이를 정확히 익혀 봅시다.

❶ ～ましょう ~합시다

상대가 그 행동을 할 의지가 있을 것이라고 생각하는 경우에 사용하는 정중한 권유표현입니다. 또한 권유에 대한 긍정적인 대답으로 사용되기도 합니다. 동사의 ます형 뒤에 「ましょう」를 붙이면 되며, 의미는 '~합시다'입니다.

話^{はな}す → 話^{はな}し + ましょう

이야기합시다

예 疲^{つか}れましたね。ちょっと休^{やす}みましょう。　피곤하네요. 잠깐 쉽시다.

A：あのバスに乗^のりましょう。　저 버스를 탑시다.

B：ええ、そうしましょう。　네, 그렇게 합시다.

단어
疲^{つか}れる 피로하다, 피곤하다
〜に乗^のる ~을/를 타다
ええ 네
そうする 그렇게 하다

PLUS

한국어에서는 '~을/를 타다'라고 하지만, 일본어의 경우 동사 「乗^のる(타다)」 앞에 조사 「を」를 사용하지 않고 「に」를 사용하는 것이 일반적입니다.

🖉 **바로 확인하기**

① 飲^のむ 마시다 → (　　　　　　　) 마십시다
② 忘^{わす}れる 잊다 → (　　　　　　　) 잊읍시다
③ 来^くる 오다 → (　　　　　　) 옵시다

정답 ①飲^のみましょう ②忘^{わす}れましょう ③来^きましょう

194

② ～ましょうか ~할까요?

상대가 그 행동을 할 의지가 있는 것 같지만, 아직 잘 모르겠는 경우에 질문의 형태로 사용하는 권유 표현입니다. 또한, 상대에게 도움을 주기 위해 제안할 때도 사용합니다. 동사의 ます형에「ましょうか」를 붙이면 되며, 의미는 '~할까요?'입니다.

> ### 話す → 話し + ましょうか
> 이야기할까요?

예 10時に図書館の前で会いましょうか。

10시에 도서관 앞에서 만날까요?

もう遅いから、そろそろ帰りましょうか。

이제 늦었으니 슬슬 돌아갈까요?

暑いですね。窓を開けましょうか。

덥네요. 창문을 열까요?

단어

図書館(としょかん) 도서관
前(まえ) 앞
もう 이미, 벌써, 이제
遅(おそ)**い** 늦다
そろそろ 슬슬
暑(あつ)**い** 덥다
窓(まど) 창문

🖊 바로 확인하기

① **座る** 앉다 → (　　　　　　) 앉을까요?

② **入る** 들어가다, 들어오다 → (　　　　　　) 들어갈까요?, 들어올까요?

③ **掃除する** 청소하다 → (　　　　　) 청소할까요?

정답 ①座りましょうか　②入りましょうか　③掃除しましょうか

❸ ～ませんか ~하지 않을래요?

상대방이 권유를 받아들일지 어떨지 아직 모르겠는 경우에 질문의 형태로 사용하는 권유표현으로, 세 가지의 권유표현 중 상대의 의지를 가장 중요하게 생각하는 표현이라고 볼 수 있습니다. 동사의 ます 형에「ませんか」를 붙이면 되며, 의미는 '~하지 않을래요?'입니다.

話す → 話し + ませんか

이야기하지 않을래요?

예 よかったら、今度一緒に遊びませんか。

괜찮다면 다음에 함께 놀지 않을래요?

お腹が空きましたね。何か食べませんか。

배가 고프네요. 뭔가 먹지 않을래요?

明日、一緒にカラオケに行きませんか。

내일 함께 노래방에 가지 않을래요?

단어

よかったら 괜찮다면
今度(こんど) 이번, 다음 번
一緒(いっしょ)に 함께, 같이
お腹(なか)が空(す)く 배가고프다
何(なに)か 뭔가
カラオケ 노래방

바로 확인하기

① 歩く 걷다 → (   ) 걷지 않을래요?

② 見る 보다 → (   ) 보지 않을래요?

③ 買い物する 쇼핑하다 → (   ) 쇼핑하지 않을래요?

정답 ①歩きませんか ②見ませんか ③買い物しませんか

권유표현	활용 방법
~ましょう ~합시다	**동사 ます형 + ましょう** 예 書^かきましょう。 씁시다.
~ましょうか ~할까요?	**동사 ます형 + ましょうか** 예 書^かきましょうか。 쓸까요?
~ませんか ~하지 않을래요?	**동사 ます형 + ませんか** 예 書^かきませんか。 쓰지 않을래요?

1 다음 빈칸에 들어갈 알맞은 말을 골라 보세요.

1) 뭔가 만들까요?

何か作り ＿＿＿＿。

① ません　② ませんか　③ ましょうか　④ ましょう

2) 함께 가지 않을래요?

一緒に行き ＿＿＿＿。

① ませんか　② ますか　③ ましょう　④ ません

3) 잠깐 걸읍시다.

ちょっと歩き ＿＿＿＿。

① ませんか　② ましょう　③ ましょうか　④ ます

2 보기의 단어를 이용해 문장을 완성해 보세요.

보기　食べる(먹다)　買い物する(쇼핑하다)　忘れる(잊다)

1) 이제 잊읍시다.

もう ＿＿＿＿＿＿＿＿＿＿＿＿＿＿＿＿＿＿＿＿。

2) 뭔가 먹을까요?

何か ＿＿＿＿＿＿＿＿＿＿＿＿＿＿＿＿＿＿＿＿。

3) 다음에 함께 쇼핑하지 않을래요?

今度、一緒に ＿＿＿＿＿＿＿＿＿＿＿＿＿＿＿＿＿。

❸ ___★___에 들어갈 말로 1, 2, 3, 4에서 가장 알맞은 것을 골라 보세요.

1) よかったら、____ ____ ____ ___★___ ませんか。
   ① ご飯(はん)　② 一緒(いっしょ)に　③ 食(た)べ　④ を

2) 暑(あつ)いから ____ ____ ____ ___★___ か。
   ① を　② 窓(まど)　③ ましょう　④ 開(あ)け

3) 9時(じ)____ ___★___ ____ ____ましょう。
   ① 会(あ)い　② の前(まえ)で　③ に　④ 図書館(としょかん)

정답

❶ 1)③　2)①　3)②
❷ 1)忘(わす)れましょう　2)食(た)べましょうか　3)買(か)い物(もの)しませんか
❸ 1)③　2)③　3)④

18과
수수표현

수수란 授(줄 수)-受(받을 수), 즉 주고받는 것을 의미합니다. 따라서 수수표현은 '주다', '받다'와 같이 물건 등을 주고받을 때 사용하는 표현입니다. 일본어의 수수표현은 물건의 이동 방향에 따른 시점(視点)과 주는 사람과 받는 사람의 관계에 따라 あげる, くれる, もらう 세 가지로 구분됩니다. 또한, 동사의 て형에 붙어 행위의 수수를 나타낼 수도 있습니다. 주의할 점은 '주다'에 해당하는 표현이 두 개로 나누어져 있으니 각각의 사용법을 확실하게 잘 익혀 둡시다.

STEP 1 용법 익히기

① [물건] あげる 주다

말하는 사람이 다른 사람에게, 또는 다른 사람이 다른 사람에게 물건 등을 줄 때 사용하며, 의미는 '주다'입니다. 주는 사람 뒤의 조사는 「は」 받는 사람 뒤의 조사는 「に」이며, 물건 등의 뒤에 오는 조사는 「を」입니다. 말하는 사람이 주는 사람, 즉 주어가 되는 경우에는 주어를 생략할 수도 있습니다.

> # 주는 사람は + 받는 사람に + 물건を + あげる
> ~은/는 ~에게 ~을/를 주다

예 私は友だちに誕生日プレゼントをあげた。

나는 친구에게 생일 선물을 주었다.

山田さんは北川さんに香水をあげました。

야마다 씨는 기타가와 씨에게 향수를 주었습니다.

단어
誕生日(たんじょうび) 생일
プレゼント 선물
香水(こうすい) 향수

「あげる」와 같은 이동 방향의 시점을 나타내지만, 그 대상이 한정된 「やる」와 「さしあげる」가 있습니다. 먼저, 받는 사람이 친구나 동생과 같이 나와 비슷하거나 나보다 아래인 관계라고 생각되는 경우에는 「あげる」를 사용해도 되지만 「やる」를 사용할 수도 있습니다. 또한 반려동물 등에게 먹이를 줄 때도 「やる」를 사용합니다. 의미는 「あげる」와 동일하게 '주다'입니다. 그리고 상사나 어르신과 같이 나보다 윗사람인 경우에는 「さしあげる」를 사용하며 의미는 '드리다'입니다.

예 毎日犬に餌をやる。　매일 개에게 먹이를 준다.

弟にお菓子をやった。　남동생에게 과자를 주었다.

先生にお土産をさしあげました。

선생님께 여행 선물을 드렸습니다.

단어
犬(いぬ) 개 | 餌(えさ) 먹이
弟(おとうと) 남동생
お菓子(かし) 과자
お土産(みやげ) (여행지 등에서 사 오는) 선물, 기념품

+PLUS

일본어는 부모님이나 조부모님과 같은 사기 가족에게는 '느니니', '주시나'와 같은 표현은 사용하지 않습니다. 또한 '~께', '~께서'와 같은 표현은 따로 없으며 조사 「に」를 사용합니다.

202

① 私は彼女に花束を(　　　　　　　).
<ruby>私<rt>わたし</rt></ruby> <ruby>彼女<rt>かのじょ</rt></ruby> <ruby>花束<rt>はなたば</rt></ruby>

나는 여자 친구에게 꽃다발을 <u>주었다</u>.

② 松本さんはイさんにコーヒーを(　　　　　　　).
<ruby>松本<rt>まつもと</rt></ruby>

마쓰모토 씨는 이 씨에게 커피를 <u>주었습니다</u>.

③ 毎朝、猫に餌を(　　　　　　　).
<ruby>毎朝<rt>まいあさ</rt></ruby> <ruby>猫<rt>ねこ</rt></ruby> <ruby>餌<rt>えさ</rt></ruby>

매일 아침 고양이에게 먹이를 <u>준다</u>.

④ 先生にケーキを(　　　　　　　).
<ruby>先生<rt>せんせい</rt></ruby>

선생님께 케이크를 <u>드렸습니다</u>.

단어
彼女(かのじょ) 그녀, 여자 친구
花束(はなたば) 꽃다발
毎朝(まいあさ) 매일 아침
猫(ねこ) 고양이

정답 ①あけた ②あげました ③やる ④さしあげました

② [물건] **くれる** 주다

다른 사람이 말하는 사람에게, 또는 다른 사람이 말하는 사람과 가깝다고 생각되는 사람에게 물건 등을 줄 때 사용하며, 의미는 역시 '주다'입니다. 주는 사람 뒤의 조사는 「が」가 주로 사용되나 「は」를 사용하기도 합니다. 받는 사람 뒤의 조사는 「に」이며, 물건 등의 뒤에 오는 조사는 「を」입니다. 받는 사람이 말하는 사람인 경우에는 주어를 생략할 수도 있습니다.

> ## 주는 사람が + 받는 사람に + 물건を + くれる
> ~이/가 ~에게 ~을/를 주다

예 新田さんが私にチョコレートをくれた。
<ruby>新田<rt>にった</rt></ruby> <ruby>私<rt>わたし</rt></ruby>

닛타 씨가 나에게 초콜릿을 주었다.

竹内さんが妹に指輪をくれました。
<ruby>竹内<rt>たけうち</rt></ruby> <ruby>妹<rt>いもうと</rt></ruby> <ruby>指輪<rt>ゆびわ</rt></ruby>

다케우치 씨가 (나의) 여동생에게 반지를 주었습니다.

단어
チョコレート 초콜릿
妹(いもうと) 여동생
指輪(ゆびわ) 반지

주는 사람이 윗사람인 경우에는 「くださる」를 사용하며, 의미는 '주시다'입니다. 「くださる」의 정중체는 예외적으로 「くださります」가 아닌 「くださいます」로 활용합니다.

예 先生が私に本をくださいました。　선생님께서 저에게 책을 주셨습니다.

✏️ **바로 확인하기**

① 宮田さんが私にピアスを(　　　　　)。
미야타 씨가 나에게 귀걸이를 <u>주었다</u>.

② 友だちが息子にサッカーボールを(　　　　　)。
친구가 (나의) 아들에게 축구공을 <u>주었습니다</u>.

③ 部長が映画のチケットを(　　　　　)。
부장님께서 영화 티켓을 <u>주셨습니다</u>.

단어
ピアス 귀걸이, 피어스
サッカーボール 축구공
部長(ぶちょう) 부장님
映画(えいが) 영화
チケット 티켓

정답 ① くれた　② くれました　③ くださいました

---

3 [물건] **もらう** 받다

말하는 사람이 다른 사람에게, 또는 다른 사람이 다른 사람에게 물건 등을 받을 때 사용하며, 의미는 '받다'입니다. 받는 사람 뒤의 조사는 「は」 주는 사람 뒤의 조사는 「に」이며, 물건 등의 뒤에 오는 조사는 「を」입니다. 받는 사람이 말하는 사람인 경우에는 주어를 생략할 수도 있습니다.

받는 사람は + 주는 사람に + 물건を + もらう
~은/는 ~에게 ~을/를 받다

예 私は娘に手紙をもらった。　나는 딸에게 편지를 받았다.
キムさんは飯島さんにお金をもらいました。
김 씨는 이이지마 씨에게 돈을 받았습니다.

단어
手紙(てがみ) 편지
お金(かね) 돈

주는 사람이 윗사람인 경우에는 「いただく」를 사용하며, 의미는 '받다'입니다.

(예) 私は先生に万年筆をいただきました。

저는 선생님께 만년필을 받았습니다.

✎ 바로 확인하기

① 私はパクさんにキムチを(   )。

나는 박 씨에게 김치를 <u>받았다</u>.

② 佐々木さんは後輩にプレゼントを(   )。

사사키 씨는 후배에게 선물을 <u>받았습니다</u>.

③ 部長に年賀状を(   )。 부장님께 연하장을 <u>받았습니다</u>.

정답 ① もらった ② もらいました ③ いただきました

❹ [행위] 〜てあげる ~해 주다

말하는 사람이 다른 사람에게, 또는 다른 사람이 다른 사람에게 어떤 행위를 해 줄 때 사용합니다. 동사의 て형 뒤에 「あげる」를 붙여 「〜てあげる」와 같이 사용하며, 의미는 '~해 주다'입니다. 조사는 「あげる」의 사용법과 동일하며, 역시 말하는 사람이 주어가 되는 경우에는 주어를 생략할 수도 있습니다.

> # 주는 사람은 + 받는 사람에게 + 동사 て형 + あげる
> ~은/는 ~에게 ~해 주다

(예) 私は姉にスカーフを買ってあげた。

나는 언니에게 스카프를 사 주었다.

北川さんはイさんに日本語を教えてあげました。

기타가와 씨는 이 씨에게 일본어를 가르쳐 주었습니다.

+PLUS

일본어의 「~てあげる」는 생색을 내는 뉘앙스로 느껴질 수도 있기 때문에 사용에 주의가 필요합니다.

「あげる」와 마찬가지로 그 행위의 대상이 한정된 「~てやる」나 「~てさしあげる」가 있습니다. 나와 비슷하거나 나보다 아래인 관계라고 생각되는 경우에는 「~てやる」를 사용할 수도 있으며, 의미는 '~해 주다'입니다. 그리고 나보다 윗사람인 경우에는 「~てさしあげる」를 사용하며, 의미는 '~해 드리다'입니다.

예 子供の宿題を見てやる。　아이의 숙제를 봐 준다.
先生のお荷物を持ってさしあげました。
선생님의 짐을 들어 드렸습니다.

단어
宿題(しゅくだい) 숙제
見(み)る 보다
お荷物(にもつ) 짐
持(も)つ 들다, 가지다

바로 확인하기

① 私は子供に絵本を読ん(　　　　　)。
나는 아이에게 그림책을 읽어 주었다.

② 新田さんは竹内さんに消しゴムを貸し(　　　　　)。
닛타 씨는 다케우치 씨에게 지우개를 빌려주었습니다.

③ 先生にお土産を買っ(　　　　　)。
선생님께 여행 선물을 사 드렸습니다.

단어
絵本(えほん) 그림책
読(よ)む 읽다
消(け)しゴム 지우개
貸(か)す 빌려주다

정답 ①てあげた　②てあげました　③てさしあげました

---

5 [행위] ~てくれる ~해 주다

다른 사람이 말하는 사람에게, 또는 다른 사람이 말하는 사람과 가깝다고 생각되는 사람에게 어떤 행위를 해 주는 것을 그 행위를 해 주는 사람 중심으로 말할 때 사용하는 표현입니다. 그 행위로 인한 은혜나 이익, 또는 행위를 해 준 상대에 대한 감사의 마음을 나타낼 수 있습니다. 동사의 て형 뒤에 「くれる」를 붙여 「~てくれる」와 같이 사용하며, 의미는 역시 '~해 주다'입니다. 조사는 「くれる」의 사용법과 동일하며, 말하는 사람이 행위를 받는 경우에는 생략할 수도 있습니다.

> ## 주는 사람が + 받는 사람に + 동사 て형 + **くれる**
> ~이/가 ~에게 ~해 주다
>
> ## 주는 사람が + 받는 사람を + 동사 て형 + **くれる**
> ~이/가 ~을/를 ~해 주다

예 彼が私にタクシーを呼んでくれた。

그가 나에게 택시를 불러 주었다.

山田さんが兄を空港まで送ってくれました。

야마다 씨가 (나의) 형을 공항까지 데려다주었습니다.

행위의 대상이 윗사람의 경우에는 「〜てくださる」를 사용하며, 의미는 '~해 주시다'입니다.

예 先生が私に推薦状を書いてくださいました。

선생님께서 나에게 추천서를 써 주셨습니다.

🖉 바로 확인하기

① 友だちが引っ越しの手伝いをし(　　　　　　)。

친구가 이사를 도와주었다.

② 飯島さんが母にクッキーを焼い(　　　　　　)。

이이지마 씨가 (나의) 어머니에게 쿠키를 구워 주었습니다.

③ 先生が作文を直し(　　　　　　)。

선생님께서 작문을 고쳐 주셨습니다.

정답 ① てくれた ② てくれました ③ てくださいました

6 [행위] ~てもらう ~해 받다

다른 사람이 말하는 사람에게, 또는 다른 사람이 다른 사람에게 어떤 행위를 해 주는 것을, 그 행위를 받는 사람을 중심으로 말할 때 사용하는 표현입니다. 역시 그 행위로 인한 은혜나 이익, 또는 행위를 해 준 상대에 대한 감사의 마음을 나타낼 수 있습니다. 동사의 て형 뒤에 「もらう」를 붙여 「~てもらう」와 같이 사용합니다. 의미는 직역하면 '~해 받다'인데, 우리말로는 자연스럽지 않으므로 주는 사람을 중심으로 주어를 바꾸어 '~해 주다'와 같이 의역하는 경우가 많습니다. 조사는 「もらう」의 사용법과 동일하며, 역시 말하는 사람이 행위를 받는 경우에는 주어를 생략할 수 있습니다.

받는 사람は + 주는 사람に + 동사 て형 + もらう
~은/는 ~에게 ~해 받다

예 私は佐々木さんにご飯をおごってもらった。

나는 사사키 씨에게 밥을 한턱내 받았다. (사사키 씨가 밥을 한턱냈다.)

彼は同僚に仕事を手伝ってもらいました。

그는 동료에게 일을 도와 받았습니다. (동료가 일을 도와주었습니다.)

단어
ご飯(はん) 밥
おごる 한턱내다
同僚(どうりょう) 동료
仕事(しごと) 일
手伝(てつだ)う 돕다, 거들다

행위의 대상이 윗사람의 경우에는 「~ていただく」를 사용하며, 의미는 '~해 받다'입니다.

예 私は先生に漢字の読み方を教えていただきました。

저는 선생님께 한자 읽는 법을 가르쳐 받았습니다.

(선생님께서 한자 읽는 법을 가르쳐 주셨습니다.)

단어
漢字(かんじ) 한자
読(よ)み方(かた) 읽는 법

➕ PLUS

한국어로 직역하면 어색하지만, 일본어에서는 일상적으로 자주 사용되는 표현이므로 잘 익혀 주세요.

바로 확인하기

① 友だちに写真を撮っ(   )。

친구에게 사진을 찍어 <u>받았다</u>. (친구가 사진을 찍어 주었다.)

② 彼は隣の人に窓を開け(   )。

그는 옆 사람에게 창문을 열어 <u>받았습니다</u>. (옆 사람이 창문을 열어 주었습니다.)

③ 部長にサインをし(   )。

부장님께 사인을 해 <u>받았습니다</u>. (부장님께서 사인을 해 주셨습니다.)

정답 ①てもらった ②てもらいました ③ていただきました

단어

写真(しゃしん)を撮(と)る 사진을 찍다

隣(となり)の人(ひと) 옆 사람

サイン 사인

209

수수표현(물건)	활용 방법
あげる 주다 말하는 사람 → 다른 사람 다른 사람 → 다른 사람	주는 사람은 + 받는 사람에 + 물건을 + あげる 예 私は友だちに本をあげる。 나는 친구에게 책을 준다.
やる 주다 말하는 사람 → 손아랫사람 / 동물	주는 사람은 + 받는 사람에 + 물건을 + やる 예 私は妹に本をやる。 나는 여동생에게 책을 준다.
さしあげる 드리다 말하는 사람 → 손윗사람	주는 사람은 + 받는 사람에 + 물건을 + さしあげる 예 私は先生に本をさしあげる。 나는 선생님께 책을 드린다.
くれる 주다 다른 사람 → 말하는 사람 다른 사람 → 나와 가까운 사람	주는 사람이 + 받는 사람에 + 물건을 + くれる 예 友だちが私に本をくれる。 친구가 나에게 책을 준다.
くださる 주시다 손윗사람 → 말하는 사람	주는 사람이 + 받는 사람에 + 물건을 + くださる 예 先生が私に本をくださる。 선생님께서 나에게 책을 주신다.
もらう 받다 말하는 사람 ← 다른 사람 다른 사람 ← 다른 사람	받는 사람은 + 주는 사람에 + 물건을 + もらう 예 私は友だちに本をもらう。 나는 친구에게 책을 받는다.
いただく 받다 말하는 사람 ← 손윗사람	받는 사람은 + 주는 사람에 + 물건을 + いただく 예 私は先生に本をいただく。 나는 선생님께 책을 받는다.

수수표현(행위)	활용 방법
～てあげる ~해 주다 말하는 사람 → 다른 사람 다른 사람 → 다른 사람	주는 사람은 + 받는 사람에 + 동사 て형 + あげる **私は友だちに本を買ってあげる。** 나는 친구에게 책을 사 준다.
～てやる ~해 주다 말하는 사람 → 손아랫사람 / 동물	주는 사람은 + 받는 사람에 + 동사 て형 + やる **私は妹に本を買ってやる。** 나는 여동생에게 책을 사 준다.
～てさしあげる ~해 드리다 말하는 사람 → 손윗사람	주는 사람은 + 받는 사람에 + 동사 て형 + さしあげる **私は先生に本を買ってさしあげる。** 나는 선생님께 책을 사 드린다.
～てくれる ~해 주다 다른 사람 → 말하는 사람 다른 사람 → 나와 가까운 사람	주는 사람이 + 받는 사람에 + 동사 て형 + くれる 주는 사람이 + 받는 사람을 + 동사 て형 + くれる **友だちが私に本を買ってくれる。** 친구가 나에게 책을 사 준다.
～てくださる ~해 주시다 손윗사람 → 말하는 사람	주는 사람이 + 받는 사람에 + 동사 て형 + くださる **先生が私に本を買ってくださる。** 선생님께서 나에게 책을 사 주신다.
～てもらう ~해 받다 말하는 사람 ← 다른 사람 다른 사람 ← 다른 사람	받는 사람은 + 주는 사람에 + 동사 て형 + もらう **私は友だちに本を買ってもらう。** 나는 친구에게 책을 사 받는다. (친구가 나에게 책을 사 준다.)
～ていただく ~해 받다 말하는 사람 ← 손윗사람	받는 사람은 + 주는 사람에 + 동사 て형 + いただく **私は先生に本を買っていただく。** 나는 선생님께 책을 사 받는다. (선생님께서 나에게 책을 사 주신다.)

1 다음 빈칸에 들어갈 알맞은 말을 골라 보세요.

1) 나는 기타가와 씨에게 꽃을 <u>주었다</u>.

私は北川さんに花を ____。

① くれた　② あげた　③ もらった　④ くださった

2) 그가 (나의) 여동생에게 초콜릿을 <u>주었다</u>.

彼が妹にチョコレートを ____。

① あげた　② もらった　③ さしあげた　④ くれた

3) 사사키 씨는 박 씨에게 반지를 <u>받았다</u>.

佐々木さんはパクさんに指輪を ____。

① もらった　② くれた　③ くださった　④ あげた

2 보기의 단어를 이용해 문장을 완성해 보세요.

보기 買う(사다)　書く(쓰다, 적다)　教える(가르치다)

1) 이이지마 씨께서 저에게 일본어를 <u>가르쳐 주셨습니다</u>.

飯島さんが私に日本語を _____。

2) 저는 부장님께 커피를 <u>사 드렸습니다</u>.

私は部長にコーヒーを _____。

3) 이 씨는 선생님께 편지를 <u>써 받았습니다</u>. (선생님께서 편지를 써 주셨습니다.)

イさんは先生に手紙を _____。

③ ___★___ 에 들어갈 말로 1, 2, 3, 4에서 가장 알맞은 것을 골라 보세요.

1) 竹内さんが ___★___ _____ _____ _____ くれました。

① 貸して　　② 姉に　　③ を　　④ スカーフ

2) 私は _____ _____ ___★___ _____ あげます。

① 犬　　② 餌を　　③ 毎朝　　④ に

3) 妹は _____ _____ _____ ___★___ いただきました。

① 送って　　② まで　　③ 空港　　④ 先生に

19과
가능표현

가능표현이란 능력이나 가능성을 나타내는 표현으로, 명사를 사용하는 가능표현과 동사를 사용하는 가능표현이 있습니다.

① 명사의 가능표현

명사 뒤에 조사 「が」와 함께 「する(하다)」의 가능형인 「できる(할 수 있다/가능하다)」를 붙여서 사용하며,
의미는 '~을/를 할 수 있다'입니다. 부정표현인 불가능표현은 「～ができない(~을/를 할 수 없다)」입니다.
가능과 불가능의 의미 외에, '~을/를 잘하다/잘 못하다'와 같은 의미로 사용하기도 합니다.

> **긍정형**　　**명사 + が + できる**
> ~을/를 할 수 있다/잘하다
>
> **부정형**　　**명사 + が + できない**
> ~을/를 할 수 없다/잘 못하다

예
私は運転(うんてん)ができる。　나는 운전을 할 수 있다.
兄(あに)は料理(りょうり)ができない。　형은 요리를 할 수 없다.
私(わたし)は勉強(べんきょう)ができる。　나는 공부를 잘한다.
彼(かれ)は運動(うんどう)ができない。　그는 운동을 잘 못한다.

단어
運転(うんてん) 운전
料理(りょうり) 요리
勉強(べんきょう) 공부
運動(うんどう) 운동

➕ PLUS

동사의 가능형은 바로 뒷 페이지에서 활용 방법을 확인할 수 있습니다.

🖊 바로 확인하기

① 彼女(かのじょ)は中国語(ちゅうごくご)が(　　　　　)。　그녀는 중국어를 할 수 있다.
② 私(わたし)は数学(すうがく)が(　　　　　)。　나는 수학을 잘 못한다.

단어
中国語(ちゅうごくご) 중국어
数学(すうがく) 수학

정답 ① できる ② できない

216

② 동사의 가능표현 1

동사의 가능표현은 동사의 기본형에 「こと(~것)」를 붙인 후, 그 뒤에 조사 「が」와 동사 「できる」를 추가로 붙여서 사용합니다. 의미는 직역하면 '~하는 것이 가능하다'인데, 보통 '~할 수 있다'라고 합니다. 부정표현인 불가능표현은 「～ことができない(~할 수 없다)」입니다.

긍정형 동사 기본형 + こと + が + できる
~할 수 있다

부정형 동사 기본형 + こと + が + できない
~할 수 없다

예 この中から一つ選ぶことができる。 이 중에서 한 개 고를 수 있다.
弟 は海で泳ぐことができない。 남동생은 바다에서 헤엄칠 수 없다.

단어
中(なか) 중 | ～から ~에서
選(えら)ぶ 고르다
海(うみ) 바다
泳(およ)ぐ 헤엄치다

PLUS

부정표현의 경우에는 「～ことはできない(~하는 것은 할 수 없다/불가능하다)」와 같이 조사 「は」를 사용할 수도 있습니다.

바로 확인하기

① 私は英語を話す(   )。 나는 영어를 할 수 있다.
② 妹は一つのことを長く続ける(   )。
여동생은 한 가지 일을 오래 계속하지 못한다.

정답 ① ことができる ② ことができない

단어
英語(えいご) 영어
話(はな)す 이야기하다
長(なが)く 오래, 길게
続(つづ)ける 계속하다

❸ 동사의 가능표현 2

동사를 가능형을 활용한 가능표현도 있습니다. 의미는 '~할 수 있다'이며, 문장으로 만들 때 동사 앞의 조사는 「が」를 사용하고 '~을/를'로 해석합니다.

① 1그룹 동사의 가능형은 어미 「う, く, ぐ, す, つ, ぬ, ぶ, む, る」를 각각 「え, け, げ, せ, て, ね, べ, め, れ」로 바꾼 후 「る」를 붙이면 됩니다.

예 会う → 会える 만날 수 있다

行く → 行ける 갈 수 있다

泳ぐ → 泳げる 헤엄칠 수 있다

話す → 話せる 이야기할 수 있다

待つ → 待てる 기다릴 수 있다

死ぬ → 死ねる 죽을 수 있다

遊ぶ → 遊べる 놀 수 있다

飲む → 飲める 마실 수 있다

作る → 作れる 만들 수 있다

乗る → 乗れる 탈 수 있다

＊帰る → 帰れる 돌아갈 수 있다, 돌아올 수 있다

② 2그룹 동사의 가능형은 어미 「る」를 삭제하고 「られる」로 바꿉니다.

예 見る → 見られる 볼 수 있다

起きる → 起きられる 일어날 수 있다

寝る → 寝られる 잘 수 있다

食べる → 食べられる 먹을 수 있다

開ける → 開けられる 열 수 있다

③ 3그룹 동사는 불규칙 동사이므로, 규칙이 따로 없습니다. 따라서 가능형은 정해진 형태를 그대로 외우면 됩니다.

例 来る → 来られる 올 수 있다

する → できる 할 수 있다

1그룹 동사의 가능형   어미 う단 → え단 + る

2그룹 동사의 가능형   어미 る → られる

3그룹 동사의 가능형   来る → 来られる
する → できる

例 私はピアノが弾ける。   나는 피아노를 칠 수 있다.

仕事が忙しくて、なかなか会えない。

일이 바빠서 좀처럼 만날 수 없다.

私は納豆が食べられる。   나는 낫토를 먹을 수 있다.

兄は朝早く起きられます。   형은 아침 일찍 일어날 수 있습니다.

明日は10時に来られる。   내일은 10시에 올 수 있다.

このアプリは無料で利用できる。   이 어플은 무료로 이용할 수 있다.

단어

ピアノを弾(ひ)く 피아노를
치다

忙(いそが)しい 바쁘다

なかなか 좀처럼

納豆(なっとう) 낫토

朝早(あさはや)く 아침 일찍

アプリ 어플

無料(むりょう)で 무료로

利用(りよう)する 이용하다

+PLUS

동사의 가능형은 모두 'え단+る'의 형태이므로 부정표현은 'え단+ない'와 같이 2그룹 동사의 ない형으로
활용할 수 있습니다.

219

⁺PLUS

동사 기본형을 활용한 가능표현인 「～ことができる」는 딱딱하고 포멀한 문어체인데 반해, 동사의 가능형은 비교적 가벼운 회화체입니다.

🖊 바로 확인하기

동사의 가능형은 1그룹 동사의 경우 어미 う단을 え단으로 바꾼 후 ① (   )를 붙이면 됩니다. 2그룹 동사의 경우는 어미 「る」를 삭제하고 ② (   )로 바꾸면 되며, 불규칙 동사인 3그룹 동사의 경우는 정해진 형태를 그대로 외우면 되는데, 「来る」는 ③ (   )로, 「する」는 ④ (   )로 바뀝니다.

정답 ①る ②られる ③来られる ④できる

가능표현	형태	활용 방법
명사의 가능표현	긍정형	**명사 + が + できる** 예 日本語ができる。 일본어를 할 수 있다.
	부정형	**명사 + が + できない** 예 日本語ができない。 일본어를 할 수 없다.
동사의 가능표현	긍정형	**동사 기본형 + こと + が + できる** 예 日本語を話すことができる。 일본어를 할 수 있다.
	부정형	**동사 기본형 + こと + が + できない** 예 日本語を話すことができない。 일본어를 할 수 없다.

그룹	동사 가능형
1그룹	**어미 う단 → え단 + る** 예 書く → 書ける 쓸 수 있다
2그룹	**어미 る → る + られる** 예 開ける → 開けられる 열 수 있다
3그룹	**불규칙 변화** 예 来る → 来られる 올 수 있다 する → できる 할 수 있다

221

① 다음 빈칸에 들어갈 알맞은 말을 골라 보세요.

1) 나는 어려운 한자를 읽을 수 있다.
私は難しい漢字を読む ＿＿＿＿。

① ことができない　② できる　③ できない　④ ことができる

2) 그녀는 수학을 잘한다.
彼女は数学が ＿＿＿＿。

① すれる　② できる　③ できられる　④ できれる

3) 스티커가 붙어 있는 책은 빌릴 수 없다.
シールが付いている本は、借り ＿＿＿＿。

① られない　② できない　③ れない　④ れる

② 보기의 단어를 이용해 동사의 가능형을 만들어 문장을 완성해 보세요.

보기 飲む(마시다)　食べる(먹다)　来る(오다)

1) 여동생은 매운 음식을 먹을 수 있다.
妹は辛い物が ＿＿＿＿＿＿＿＿＿＿＿＿＿＿＿＿＿＿＿＿。

2) 나는 술을 마실 수 있다.
私はお酒が ＿＿＿＿＿＿＿＿＿＿＿＿＿＿＿＿＿＿。

3) 하시모토 씨는 오늘 올 수 없다.
橋本さんは今日 ＿＿＿＿＿＿＿＿＿＿＿＿＿＿＿＿＿＿。

③　___ ★ ___에 들어갈 말로 1, 2, 3, 4에서 가장 알맞은 것을 골라 보세요.

1) 私は ___★___ ___ ___ ___ できる。

①を　②ことが　③日本語　④話す

2) この ___ ___ ___★___ ___ できます。

①は　②ピアノ　③利用　④無料で

3) 最近 ___ ___ ___★___ ___ ない。

①忙しくて　②会え　③なかなか　④仕事が

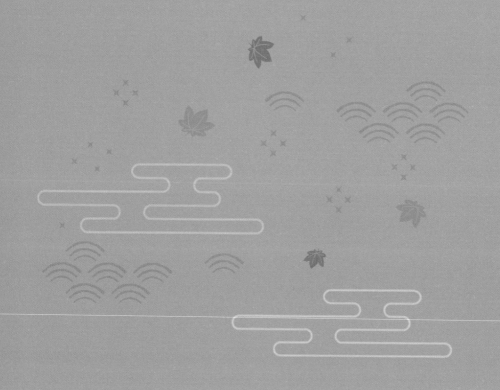

20과
동사 기본형
관련 문형

동사의 기본형으로 만들 수 있는 다양한 문형들을 익혀 봅시다.

① ～前に ~하기 전에

'A 前に B'는 A 행위를 하기 전에 B 행위를 한다는 것을 나타냅니다. 동사의 기본형에 「前に」를 붙이면 되며, 의미는 '~하기 전에'입니다.

> ### 동사 기본형 + 前に
> ~하기 전에

예 ご飯を食べる前に手を洗います。   밥을 먹기 전에 손을 씻습니다.

人に聞く前に自分で調べましょう。

다른 사람에게 물어보기 전에 스스로 조사합시다.

단어
手(て) 손 | 洗(あら)う 씻다
人(ひと) 사람, 다른 사람
聞(き)く 듣다, 묻다
自分(じぶん)で 스스로
調(しら)べる 조사하다

② ～つもりだ ~할 생각/작정이다

말하는 사람의 개인적인 의지를 나타내는 표현으로, 말하는 시점에 결정한 것이 아닌 미리 결정한 사항에 대해 말할 때 사용합니다. 동사의 기본형에 「つもりだ」를 붙이면 되며, 의미는 '~할 생각/작정이다'입니다. 정중체는 「だ」 대신에 「です」라고 하면 됩니다.

> ### 동사 기본형 + つもりだ
> ~할 생각/작정이다

예 夏休みは海外旅行に行くつもりです。

여름 방학에는 해외여행을 갈 생각입니다.

これからも日本語の勉強を続けるつもりです。

앞으로도 일본어 공부를 계속할 생각입니다.

단어
夏休(なつやす)み 여름방학, 여름 휴가
海外旅行(かいがいりょこう) 해외 여행
これからも 앞으로도
続(つづ)ける 계속하다

226

⁺PLUS

부정표현은 「旅行(りょこう)に 行(い)かないつもりです。(여행을 가지 않을 생각입니다.)」와 같이 동사 ない형에 「ない つもりだ」를 붙여 만듭니다. 의미는 '~하지 않을 생각이다'입니다.

③ **〜予定(よてい)だ** ~할 예정이다

이미 결정된 스케줄을 나타내는 표현으로, 말하는 사람의 의지가 아닌 경우에도 사용할 수 있습니다. 동사의 기본형에 「予定(よてい)だ」를 붙이면 되며, 의미는 '~할 예정이다'입니다. 정중체는 「だ」 대신에 「です」 라고 하면 됩니다.

동사 기본형 + 予定(よてい)だ

~할 예정이다

예 7月(がつ)18日(にち)から三日間(みっかかん)、大阪(おおさか)に 行(い)く予定(よてい)です。

7월 18일부터 사흘간 오사카에 갈 예정입니다.

試合(しあい)は午前(ごぜん)10時(じ)から始(はじ)まる予定(よてい)です。

시합은 오전 10시부터 시작될 예정입니다.

단어

〜月(がつ) ~월 | 〜日(にち) ~일
三日間(みっかかん) 사흘간
大阪(おおさか) 오사카
試合(しあい) 시합
始(はじ)まる 시작되다

⁺PLUS

「〜つもりだ」는 단순한 의지표현이지만, 「〜予定(よてい)だ」는 구체적인 장소나 시간 등이 정해진 스케줄에 대해 말할 때 사용하는 경우가 많습니다.

227

STEP 1 용법 익히기

바로 확인하기

① 寝る(　　　　)ストレッチをします。

자기 전에 스트레칭을 합니다.

② 来年、日本に留学する(　　　　)。

내년에 일본에 유학할 생각입니다.

③ 明日の午後 3 時に空港に着く(　　　　)。

내일 오후 3시에 공항에 도착할 예정입니다.

①前に ②つもりです ③予定です

단어
ストレッチ 스트레칭
留学(りゅうがく)する 유학하다
空港(くうこう) 공항
着(つ)く 도착하다

④ ～ために ~하기 위해서

행위의 목적을 나타내는 표현으로, 동사의 기본형에 「ために」를 붙이면 됩니다. 의미는 '~하기 위해서'입니다.

> ## 동사 기본형 + ために
> ~하기 위해서

예 試験に合格するために、一日10時間以上勉強をします。

시험에 합격하기 위해서 하루 10시간 이상 공부를 합니다.

新しいノートパソコンを買うために、アルバイトをしています。　새 노트북을 사기 위해서 아르바이트를 하고 있습니다.

단어
試験(しけん) 시험
合格(ごうかく)する 합격하다
一日(いちにち) 하루
ノートパソコン 노트북
アルバイト 아르바이트

+PLUS

「健康のために(건강을 위해서)」와 같이 '명사+のために'의 형태로 사용할 수도 있습니다.

단어
健康(けんこう) 건강

228

5 〜な ~하지 마

강한 금지를 나타내는 표현으로, 동사의 기본형에 「な」를 붙이면 됩니다. 의미는 '~하지 마'입니다.

> ## 동사 기본형 + な
> ~하지 마

예
大声^{おおごえ}で騒^{さわ}ぐな。　큰소리로 떠들지 마.

廊下^{ろうか}を走^{はし}るな。　복도를 달리지 마.

단어
大声(おおごえ) 큰 목소리
騒(さわ)ぐ 떠들다, 소란피우다
廊下(ろうか) 복도
走(はし)る 달리다

6 〜そうだ ~하다고 한다

말하는 사람이 듣거나 본 정보를 다른 사람에게 전달할 때 사용하는 표현으로, 동사의 기본형에 「そうだ」를 붙이면 됩니다. 의미는 '~하다고 한다'입니다. 부정표현의 경우에는 동사의 ない형에 「ないそうだ」를 붙이면 되며, 의미는 '~하지 않다고 한다'입니다. 정중체는 각각 「だ」 대신에 「です」라고 하면 됩니다.

> ## 동사 기본형 + そうだ
> ~하다고 한다

예
天気予報^{てんきよほう}によると、明日^{あした}は大雨^{おおあめ}が降^ふるそうです。

일기예보에 따르면, 내일은 큰비가 온다고 합니다.

後藤^{ごとう}さんは海外旅行^{かいがいりょこう}に行^いかないそうです。

고토 씨는 해외여행을 가지 않는다고 합니다.

단어
天気予報(てんきよほう) 일기예보
〜によると ~에 의하면
大雨(おおあめ)**が降**(ふ)**る** 큰비기 내리다

+ PLUS

「～そうだ」는 동사 외에도 「学生だそうだ(학생이라고 한다)」「賑やかだそうだ(번화하다고 한다)」「優しいそうだ(상냥하다고 한다)」와 같이 명사, な형용사, い형용사를 활용해서 전문(伝聞)을 나타낼 수 있습니다. 명사와 な형용사의 경우에는 위와 같이 반드시 「そうだ」 앞에 「だ」가 붙습니다.

❼ ～ところだ ~하려는 참이다

어떤 동작이 시작되기 직전이라는 것을 나타내는 표현으로, 동사의 기본형에 「ところだ」를 붙이면 됩니다. 의미는 '(지금부터) ~하려는 참이다'입니다.

동사 기본형 + ところだ

~하려는 참이다

예

今、家を出るところです。　지금 집을 나가려는 참입니다.

今から電車に乗るところです。　지금부터 전철을 타려는 참입니다.

단어

今(いま) 지금
～から ~부터, ~에서
電車(でんしゃ) 전철

🖊 바로 확인하기

① 車を買う(　　　　　)、お金を貯めています。
자동차를 사기 위해서 돈을 모으고 있습니다.

② 危ないから動く(　　　　　)。 위험하니까 움직이지 마.

③ 今日は5時から花火大会がある(　　　　　)。
오늘은 5시부터 불꽃놀이가 있다고 합니다.

④ 今、お風呂に入る(　　　　　)。 지금 목욕하려는 참입니다.

정답 ① ために ② な ③ そうです ④ ところです

단어

車(くるま) 자동차
貯(た)める 모으다
危(あぶ)ない 위험하다
～から ~이기 때문에
動(うご)く 움직이다
花火大会(はなびたいかい) 불꽃놀이
お風呂(ふろ)に入(はい)る 목욕하다

문형	활용 방법
~前に ~하기 전에	**동사 기본형 + 前に** **에** 話す前に 이야기하기 전에
~つもりだ ~할 생각/작정이다	**동사 기본형 + つもりだ** **에** 話すつもりだ。 이야기할 생각이다.
~予定だ ~할 예정이다	**동사 기본형 + 予定だ** **에** 話す予定だ。 이야기할 예정이다.
~ために ~하기 위해서	**동사 기본형 + ために** **에** 話すために 이야기하기 위해서
~な ~하지 마	**동사 기본형 + な** **에** 話すな。 이야기하지 마.
~そうだ ~하다고 한다	**동사 기본형 + そうだ** **에** 話すそうだ。 이야기한다고 한다.
~ところだ ~하려는 참이다	**동사 기본형 + ところだ** **에** 話すところだ。 이야기하려는 참이다.

1 다음 빈칸에 들어갈 알맞은 말을 골라 보세요.

1) 우승하기 <u>위해서</u> 매일 연습합니다.

優勝する ＿＿＿、毎日練習します。

① つもりに　② ために　③ ところに　④ そうに

2) 새 컴퓨터를 살 <u>생각입니다</u>.

新しいパソコンを買う ＿＿＿ です。

① そう　② 前に　③ ところ　④ つもり

3) 지금부터 도서관에 <u>가려는</u> 참입니다.

今から図書館に行く ＿＿＿ です。

① ところ　② つもり　③ 予定　④ ために

2 보기의 단어를 이용해 문장을 완성해 보세요.

보기 作る(만들다)　走る(달리다)　気にする(신경 쓰다)

1) 세세한 것은 <u>신경 쓰지 마</u>.

細かいことは ＿＿＿＿＿＿＿＿＿＿＿＿＿＿＿＿＿＿＿＿＿。

2) 지금부터 점심밥을 <u>만들려는</u> 참입니다.

今から昼ご飯を ＿＿＿＿＿＿＿＿＿＿＿＿＿＿＿＿ です。

3) <u>달리기 전에</u> 스트레칭을 합니다.

＿＿＿＿＿＿＿＿＿＿＿＿＿＿＿＿ ストレッチをします。

232

❸ ___ ★ ___ 에 들어갈 말로 1, 2, 3, 4에서 가장 알맞은 것을 골라 보세요.

1) 先生(せんせい)に ____ ____ ★ ____ ましょう。
① 自分(じぶん)で　② 前(まえ)に　③ 調(しら)べ　④ 聞(き)く

2) 明日(あした)から ____ ____ ____ ★ です。
① 花火大会(はなびたいかい)が　② ある　③ そう　④ 三日間(みっかかん)

3) 試験(しけん)は ____ ____ ★ ____ です。
① 予定(よてい)　② 始(はじ)まる　③ 午後(ごご)　④ 3時(じ)から

21과
동사 ます형
관련 문형

동사의 ます형으로 만들 수 있는 다양한 문형들을 익혀 봅시다.

① 〜に行く・〜に来る ~하러 가다・~하러 오다

이동의 목적을 나타내는 표현으로, 동사의 ます형에 조사 「に」를 붙인 후, 뒤에 각각 「行く(가다)」와 「来る(오다)」를 붙이면 됩니다. 의미는 각각 '~하러 가다', '~하러 오다'입니다.

> ## 동사 ます형 + に + 行く
> ~하러 가다
>
> ## 동사 ます형 + に + 来る
> ~하러 오다

예 学校に忘れ物を取りに行きます。
학교에 잊고 온 물건을 가지러 갑니다.

友だちが家に遊びに来ました。
친구가 집에 놀러 왔습니다.

단어
忘(わす)れ物(もの) 물건을 깜박 잊고 옴, 잊은 물건
取(と)る 가져 오다, 잡다

바로 확인하기

① 薬局に薬を買い(　　　　　). 약국에 약을 사러 갑니다.

② アメリカに住む姉に会い(　　　　　).
미국에 사는 언니를 만나러 왔습니다.

정답 ① に行きます ② に来ました

단어
薬局(やっきょく) 약국
薬(くすり) 약
アメリカ 미국
〜に住(す)む ~에 살다

+PLUS

한국어는 동사 '살다' 앞에 조사 '~에' 또는 '~에서'를 사용하지만, 일본어의 경우 「住む(살다)」 앞에 조사 「に」를 사용하는 것이 일반적입니다.

② 〜たい・〜たがる ~하고 싶다·~하고 싶어하다

희망을 나타내는 표현으로, 동사의 ます형에 각각 「たい」와 「たがる」를 붙이면 됩니다. 「〜たい」는 말하는 사람 자신의 희망을, 「〜たがる」는 자신 외의 다른 사람의 희망을 나타냅니다. 의미는 각각 '~하고 싶다', '~하고 싶어하다'입니다. 부정형은 각각 「〜たくない(~하고 싶지 않다)」, 「〜たがらない (~하고 싶어하지 않다)」입니다.

> **긍정형** **동사 ます형 + たい / たがる**
> ~하고 싶다/~하고 싶어하다
>
> **부정형** **동사 ます형 + たくない / たがらない**
> ~하고 싶지 않다/~하고 싶어하지 않다

예 キンキンに冷えたビールが飲みたい。

아주 차가워진 맥주를 마시고 싶다.

今日は会社に行きたくない。　오늘은 회사에 가고 싶지 않다.

息子は何でも自分でやりたがる。

아들은 뭐든지 스스로 하고 싶어한다.

彼女は自分のことをあまり話したがらない。

그녀는 자신에 관해서 별로 이야기하고 싶어하지 않는다.

단어
キンキン 꽁꽁, 아주 시원한 상태
冷(ひ)える 차가워지다, 식다
ビール 맥주
息子(むすこ) 아들
何(なん)でも 무엇이든지
やる 하다
こと 일, 것

➕PLUS

자신의 희망인 경우에는 앞에 조사 「が」와 「を」를 둘 다 사용할 수 있지만, 다른 사람의 희망인 경우에는 「が」는 사용할 수 없습니다. 또한 「〜たがる」는 희망하고 있는 상태를 나타내는 「〜たがっている」의 형태로도 사용됩니다.

✏️ **바로 확인하기**

① 日本語が上手になり(　　　　　　).
   일본어를 잘하게 되고 싶다.

② 今日は何もし(　　　　　　). 오늘은 아무것도 하고 싶지 않다.

③ 彼は何でも知り(　　　　　　). 그는 뭐든지 알고 싶어한다.

④ 母はホラー映画は見(　　　　　　).
   어머니는 공포 영화는 보고 싶어하지 않는다.

단어
〜になる ~하게 되다
何(なに)も 아무것도
知(し)る 알다
ホラー映画(えいが) 공포 영화

정답 ① たい　② たくない　③ たがる　④ たがらない

---

3 **〜ながら** ~하면서

두 가지 동작을 동시에 하는 것을 나타내는 표현으로, 동사의 ます형에 「ながら」를 붙이면 됩니다. 의미는 '~하면서'입니다.

> **동사 ます형 + ながら**
> ~하면서

예 テレビを見ながらご飯を食べます。
   텔레비전을 보면서 밥을 먹습니다.

大学に通いながらアルバイトをする。
   대학에 다니면서 아르바이트를 한다.

단어
テレビ 텔레비전
大学(だいがく) 대학
通(かよ)う 다니다
アルバイト 아르바이트

✏️ **바로 확인하기**

お茶を飲み(　　　　　)本を読みます。
차를 마시면서 책을 읽습니다.

단어
お茶(ちゃ) 차
本(ほん) 책

정답 ながら

④ ～すぎる　너무 많이/지나치게 ~하다

정도가 넘거나 과한 것을 나타내는 표현으로, 동사의 ます형에 「すぎる」를 붙이면 됩니다. 의미는 '너무 많이/지나치게 ~하다'로, 부정적인 의미로 사용되는 경우가 대부분입니다.

> ## 동사 ます형 + すぎる
> 너무 많이/지나치게 ~하다

📢 いつもコーヒーを飲(の)みすぎます。

　항상 커피를 너무 많이 마십니다.

最近(さいきん)、働(はたら)きすぎです。ちゃんと休(やす)んでください。

　요즘 일을 지나치게 합니다. 충분히 쉬세요.

단어
コーヒー 커피
働(はたら)く 일하다
ちゃんと 제대로, 충분히

정중체는 「～すぎます」와 「～すぎです」 둘 다 사용할 수 있습니다. 「～すぎます」는 다양하게 활용할 수 있으며, 말하는 사람 또는 다른 사람의 일 양쪽 모두의 경우에 사용할 수 있습니다. 반면 「～すぎです」는 과거형이나 진행형 등으로 활용할 수 없으며, 상대에 대한 조언이나 경고로 쓰이는 경우가 많습니다.

📢 昨日(きのう)はコーヒーを飲(の)みすぎました。　어제는 커피를 너무 많이 마셨습니다.

最近(さいきん)、コーヒーを飲(の)みすぎています。　요즘 커피를 너무 많이 마시고 있습니다.

三浦(みうら)さん、コーヒー飲(の)みすぎですよ。　미우라 씨, 커피 너무 많이 마셔요.

동사뿐만 아니라 형용사를 사용해 표현할 수도 있습니다. な형용사와 い형용사의 어미를 삭제하고 「すぎる」를 붙이면 되며, 의미는 동사와 같습니다.

📢 彼(かれ)は真面目(まじめ)すぎです。　그는 지나치게 진지합니다.

今日(きょう)は寒(さむ)すぎます。　오늘은 너무 많이 춥습니다.

단어
真面目(まじめ)だ 성실하다, 진지하다
寒(さむ)い 춥다

✎ **바로 확인하기**

① 今月はお金を使い(　　　　　)。
こんげつ・かね・つか

이번 달은 돈을 <u>너무 많이</u> 썼습니다.

② このラーメンは辛(　　　　　)。
から

이 라면은 <u>지나치게</u> 맵습니다.

③ イさん、甘いもの食べ(　　　　　)よ。
あま・た

이 씨, 단 것 <u>너무 많이</u> 먹어요.

단어
今月(こんげつ) 이번 달
使(つか)う 사용하다
辛(から)い 맵다
甘(あま)**いもの** 단 것

정답 ①すぎました ②すぎます/すぎです ③すぎです

---

⑤ **～やすい・～にくい** ~하기 쉽다/편하다 · ~하기 어렵다/힘들다

어떤 행위의 난이도나 경향을 나타내는 표현으로, 쉽거나 편한 행위의 경우에는 동사의 ます형에 「やすい」를, 어렵거나 힘든 행위의 경우에는 동사의 ます형에 「にくい」를 붙이면 됩니다. 의미는 각각 '~하기 쉽다/편하다', '~하기 어렵다/힘들다'입니다.

동사 ます형 + やすい

~하기 쉽다/편하다

동사 ます형 + にくい

~하기 어렵다/힘들다

예 このパソコンは軽くて使いやすいです。
かる・つか

이 컴퓨터는 가볍고 사용하기 편합니다.

その薬はサイズが大きくて飲みにくいです。
くすり・おお・の

그 약은 사이즈가 커서 먹기 어렵습니다.

川本先生の字は読みやすいです。
かわもとせんせい・じ・よ

가와모토 선생님의 글씨는 읽기 쉽습니다.

단어
パソコン 컴퓨터
軽(かる)**い** 가볍다
サイズ 사이즈
大(おお)**きい** 크다
字(じ) 글자, 글씨

雨の日は洗濯物が乾きにくいです。

비 오는 날은 빨래가 마르기 힘듭니다.

단어

雨(あめ)の日(ひ) 비 오는 날

洗濯物(せんたくもの) 빨래

乾(かわ)く 마르다

+PLUS

일본어는 '약을 먹다'를 「薬を食べる」라고 표현하지 않습니다. 어떤 종류의 약이든 「飲む(마시다)」라고 표현합니다.

바로 확인하기

① このペンは書き(　　　　　　　　)。 이 펜은 쓰기 편합니다.

② 雪道は歩き(　　　　　　　)。 눈길은 걷기 힘듭니다.

정답 ① やすいです　② にくいです

단어

ペン 펜 | 書(か)く 쓰다, 적다

雪道(ゆきみち) 눈길

歩(ある)く 걷다

6 ~なさい ~하시오, ~하거라

명령이나 지시를 나타내는 표현으로, 동사의 ます형에 「なさい」를 붙이면 됩니다. 의미는 '~하시오', '~하거라'입니다.

동사 ます형 + なさい

~하시오, ~하거라

예 次の文を読んで、問いに答えなさい。

다음 글을 읽고, 물음에 답하시오.

残さず全部食べなさい。

남기지 말고 전부 먹거라.

단어

次(つぎ) 다음 | 文(ぶん) 글, 문장

問(と)い 물음

答(こた)える 대답하다

残(のこ)す 남기다

~ず ~하지 않고, ~하지 말고

全部(ぜんぶ) 전부

바로 확인하기

もうゲームをやめ( )。 이제 게임을 <u>그만두거라</u>.

단어
ゲーム 게임
やめる 그만두다

정답 なさい

❼ **～始める** ~하기 시작하다

행위나 현상의 개시를 나타내는 표현으로, 동사의 ます형에 「始める」를 붙이면 됩니다. 의미는 '~하기 시작하다'입니다.

동사 ます형 + 始める

~하기 시작하다

예 最近、茶道を習い始めました。

요즘 다도를 배우기 시작했습니다.

雨がしとしとと降り始めた。

비가 부슬부슬 내리기 시작했다.

단어
茶道(さどう) 다도
習(なら)う 배우다
しとしと 부슬부슬

바로 확인하기

今月からデパートで働き( )。

이번 달부터 백화점에서 일하기 시작했습니다.

단어
今月(こんげつ) 이번 달
デパート 백화점

정답 始めました

⑧ 〜出^だす　~하기 시작하다, ~해 내다

갑작스런 행위나 현상의 개시, 안쪽에 있었던 것이나 감춰져 있던 것이 밖 또는 보이는 곳으로 이동하는 것, 잊었던 것을 상기하거나 존재하지 않았던 것을 새로 만들어 내는 것 등을 나타내는 표현으로, 동사의 ます형에 「出す」를 붙이면 됩니다. 의미는 '~하기 시작하다', '~해 내다'이며, 「急^{きゅう}に(갑자기)」, 「いきなり(갑자기, 느닷없이)」, 「突然^{とつぜん}(돌연)」과 같은 부사와 함께 사용되는 경우가 많습니다.

동사 ます형 + 出^だす

~하기 시작하다, ~해 내다

예 急^{きゅう}に雨^{あめ}が降^ふり出^だした。　갑자기 비가 내리기 시작했다.

彼女^{かのじょ}が突然^{とつぜん}笑^{わら}い出^だしました。　그녀가 돌연 웃기 시작했습니다.

단어
笑(わら)う 웃다

➕PLUS

「〜始^{はじ}める」는 그 동작이 서서히 또는 점점 시작되는 것을 나타내는 데에 반해, 「〜出^だす」는 그 동작이 갑자기 발생하는 것을 나타냅니다. 예를 들어, 「雨^{あめ}が降^ふり始^{はじ}める」의 경우는 처음에는 약한 빗방울로 내리기 시작해서 점점 비가 강해지는 느낌이며, 「雨^{あめ}が降^ふり出^だす」는 갑자기 세찬 비가 내리는 느낌입니다.

「〜出^だす」의 경우, 「取^とり出^だす(꺼내다)」, 「思^{おも}い出^だす(생각해 내다)」, 「言^いい出^だす(말을 꺼내다)」, 「飛^とび出^だす(뛰쳐나가다)」, 「生^うみ出^だす(만들어 내다)」 등과 같이 이미 복합동사의 형태로 존재하기도 합니다.

예 彼^{かれ}はポケットから財布^{さいふ}を取^とり出^だした。

그는 주머니에서 지갑을 꺼냈다.

カレンダーを見^みて、知人^{ちじん}と約束^{やくそく}があることを思^{おも}い出^だしました。　달력을 보고 지인과 약속이 있다는 것을 생각해 냈습니다.

단어
ポケット 주머니
財布(さいふ) 지갑
カレンダー 달력
知人(ちじん) 지인
約束(やくそく) 약속

STEP 1 용법 익히기

바로 확인하기

① 夫が突然離婚したいと言い(　　　　　)。

남편이 돌연 이혼하고 싶다고 말하기 시작했다.

② 子供が車道にいきなり飛び(　　　　　)。

아이가 차도로 갑자기 튀어나왔다.

③ 彼は数々のヒット商品を生み(　　　　　)。

그는 수많은 히트상품을 만들어냈습니다.

정답 ①出した ②出した ③出しました

단어
夫(おっと) 남편
離婚(りこん)する 이혼하다
言(い)う 말하다
車道(しゃどう) 차도
飛(と)ぶ 날다, 급히 달리다, 튀다
数々(かずかず) 다수, 여러 가지
ヒット商品(しょうひん) 히트상품
生(う)む 낳다

---

❾ ~続ける 계속 ~하다

행위나 습관을 계속하는 것을 나타내는 표현입니다. 동사의 ます형에 「続ける」를 붙이면 되며, 의미는 '계속 ~하다'입니다.

> # 동사 ます형 + 続ける
> 계속 ~하다

예 娘は朝からずっとマンガを読み続けている。

딸은 아침부터 쭉 만화를 계속 읽고 있다.

私は健康のために毎日納豆を食べ続けています。

나는 건강을 위해서 매일 낫토를 계속 먹고 있습니다.

단어
ずっと 훨씬, 계속, 쭉
マンガ 만화
毎日(まいにち) 매일
納豆(なっとう) 낫토

244

⑩ ～終わる 다 ~하다

행위의 완료를 나타내는 표현으로, 동사의 ます형에 「終わる」를 붙이면 됩니다. 의미는 '다 ~하다'입니다.

동사 ます형 + 終わる
다 ~하다

예 面白くてあっという間に読み終わった。

재미있어서 눈 깜짝할 사이에 다 읽었다.

やっとレポートを書き終わった。　겨우 리포트를 다 썼다.

단어
面白(おもしろ)い 재미있다
あっという間(ま)に 눈 깜짝할
사이에
やっと 겨우

✏️ 바로 확인하기

① 息子は昨日の夜からずっとゲームをし(　　　　　)。

아들은 어젯밤부터 쭉 게임을 계속 하고 있다.

② 小学1年生から20年間日記を書き(　　　　　)。

초등학교 1학년부터 20년간 일기를 계속 쓰고 있습니다.

③ 夕飯はもう食べ(　　　　　)。

저녁밥은 이미 다 먹었다.

단어
昨日(きのう)の夜(よる) 어젯밤
小学(しょうがく) 초등학교
～年生(ねんせい) ~학년
～年間(ねんかん) ~년간
日記(にっき) 일기
夕飯(ゆうはん) 저녁밥

정답 ①続けている ②続けています ③終った

245

문형	활용 방법
~に行く ~하러 가다 **~に来る** ~하러 오다	**동사 ます형 + に + 行く** 예 話しに行く。 이야기하러 가다. **동사 ます형 + に + 来る** 예 話しに来る。 이야기하러 오다.
~たい ~하고 싶다 **~たがる** ~하고 싶어하다	**동사 ます형 + たい** **동사 ます형 + たがる** 예 話したい / たがる。 이야기하고 싶다. / 이야기하고 싶어한다. **동사 ます형 + たくない** **동사 ます형 + たがらない** 예 話したくない / たがらない。 이야기하고 싶지 않다. / 이야기하고 싶어하지 않는다.
~ながら ~하면서	**동사 ます형 + ながら** 예 話しながら 이야기하면서
~すぎる 너무 많이/지나치게 ~하다	**동사 ます형 + すぎる** 예 話しすぎる。 너무 많이 이야기한다.
~やすい ~하기 쉽다/편하다 **~にくい** ~하기 어렵다/힘들다	**동사 ます형 + やすい** 예 話しやすい。 이야기하기 쉽다. **동사 ます형 + にくい** 예 話しにくい。 이야기하기 어렵다.

~**なさい** ~하시오, ~하거라	동사 ます형 + **なさい** **예** 話しなさい。 이야기하시오.
~**始める** ~하기 시작하다	동사 ます형 + **始める** **예** 話し始める。 이야기하기 시작하다.
~**出す** ~하기 시작하다, ~해 내다	동사 ます형 + **出す** **예** 話し出す。 이야기하기 시작하다. 思い出す。 생각해 내다.
~**続ける** 계속 ~하다	동사 ます형 + **続ける** **예** 話し続ける。 계속 이야기하다.
~**終わる** 다 ~하다	동사 ます형 + **終わる** **예** 話し終わる。 다 이야기하다.

① 다음 빈칸에 들어갈 알맞은 말을 골라 보세요.

1) 지인과 영화를 보러 간다.

知人と映画を見 _____。

① に行く   ② なさい   ③ たい   ④ に来る

2) 돌연 비가 내리기 시작했다.

突然雨が降り _____。

① 終わる   ② すぎる   ③ 続ける   ④ 出した

3) 오늘은 일찍 자거라.

今日は早く寝 _____。

① 始める   ② なさい   ③ やすい   ④ たがる

② 보기의 단어를 이용해 문장을 완성해 보세요.

보기 知る(알다)   聞く(듣다, 묻다)   書く(쓰다, 적다)

1) 라디오를 들으면서 공부를 합니다.

ラジオを _____ を勉強をします。

2) 어제부터 일기를 쓰기 시작했다.

昨日から日記を _____。

3) 요금이 비싸진 이유를 알고 싶다.

料金が高くなった理由を _____。

248

③ ___★___에 들어갈 말로 1, 2, 3, 4에서 가장 알맞은 것을 골라 보세요.

1) 昨日の ＿＿＿ ＿＿＿ ＿＿＿ ＿★＿続いている。
① ずっと　② 降り　③ 夜から　④ 雨が

2) 友だちと ＿★＿ ＿＿＿ ＿＿＿ ＿＿＿出した。
① 思い　② ある　③ 約束が　④ ことを

3) この ＿＿＿ ＿＿＿ ＿★＿ ＿＿＿ です。
① 使い　② ペンは　③ やすい　④ 軽くて

정답

❶ 1)①　2)④　3)②
❷ 1)聞きながら　2)書き始めた　3)知りたい
❸ 1)②　2)③　3)①

22과
동사 ない형
관련 문형

동사의 ない형으로 만들 수 있는 다양한 문형들을 익혀 봅시다.

① ～ないで ~하지 않고, ~하지 말고

「～ないで」는 'A ないで B'와 같이 A를 하지 않은 상태로 B를 한다는 것을 나타내는 표현입니다. 동사의 ない형에 「ないで」를 붙이면 되며, 의미는 '~하지 않고, ~하지 말고'입니다.

> ## 동사 ない형 + ないで
> ~하지 않고, ~하지 말고

예 学校に行かないでゲームセンターへ行った。

학교에 가지 않고 게임센터에 갔다.

今日は夕飯を食べないで寝ます。

오늘은 저녁밥을 먹지 않고 잘 것입니다.

無理しないでゆっくり休んでね。　무리하지 말고 푹 쉬어.

단어
学校(がっこう) 학교
行(い)く 가다
ゲームセンター 게임센터
寝(ね)る 자다
無理(むり)**する** 무리하다

➕PLUS

「～ないで」와 같은 의미를 나타내는 표현으로 「～ずに」가 있습니다. 「～ないで」는 회화체이고, 「～ずに」는 문어체라 비교적 딱딱하고 포멀한 느낌이 듭니다. 마찬가지로 동사의 ない형에 「ずに」를 붙이면 되는데, 불규칙 동사인 「する(하다)」는 「勉強せずにテストを受けた。(공부하지 않고 시험을 봤다.)」와 같이 「せずに」로 바뀐다는 것에 주의하세요.

단어
勉強(べんきょう)**する** 공부하다
テストを受(う)**ける** 시험을 보다

② ～なくて ~하지 않아서

「～なくて」는 'A なくて B'와 같이, A가 B의 이유나 원인이라는 것을 나타내는 표현으로, 동사의 ない형에 「なくて」를 붙이면 됩니다. 의미는 '~하지 않아서'입니다.

> ## 동사 ない형 + なくて
> ~하지 않아서

예 学校に行かなくて先生に怒られた。

학교에 가지 않아서 선생님에게 혼났다.

勉強をしなくてテストに落ちた。

공부를 하지 않아서 시험에 떨어졌다.

단어
怒(おこ)られる 혼나다(怒る의 수동형)
落(お)ちる 떨어지다

3 ～ないでください ~하지 마세요

어떤 행동을 하지 않도록 지시하거나 부탁하는 표현으로, 동사의 ない형에 「ないでください」를 붙이면 됩니다. 의미는 '~하지 마세요'입니다.

> # 동사 ない형 + ないでください
>
> ~하지 마세요

예 危ないので入らないでください。 위험하니까 들어가지 마세요.

授業中に大声で叫ばないでください。

수업 중에 큰소리로 소리지르지 마세요.

단어
危(あぶ)ない 위험하다
～(な)ので ~이기 때문에
大声(おおごえ) 큰 목소리
叫(さけ)ぶ 소리지르다

✛PLUS

「～ないでください」에서 「ください」를 빼고 「～ないで」라고 하면 '~하지 마'와 같이 반말로 지시하거나 부탁하는 표현이 됩니다.

✏ 바로 확인하기

① スマホを持た(   )出かけた。 스마트폰을 가지지 않고 외출했다.
② 野菜を食べ(   )母に怒られた。 채소를 먹지 않아서 엄마에게 혼났다.
③ ここでタバコを吸わ(   )。 여기에서 담배를 피우지 마세요.

정답 ①ないで / ずに ②なくて ③ないでください

STEP 1 용법 익히기

④ ～ない方がいい ~하지 않는 편이 좋다

어떤 행동을 하지 않도록 조언하거나 충고하는 표현으로, 동사의 ない형에 「ない方がいい」를 붙이면 됩니다. 의미는 '~하지 않는 편이 좋다'입니다.

> **동사 ない형 + ない方がいい**
> ~하지 않는 편이 좋다

예 寝る前はスマホを見ない方がいいです。
자기 전에는 스마트폰을 보지 않는 편이 좋습니다.

風邪の時はお風呂に入らない方がいいですよ。
감기일 때는 목욕을 하지 않는 편이 좋아요.

단어
風邪(かぜ) 감기
時(とき) 때
お風呂(ふろ)に入(はい)る 목욕을 하다

⑤ ～なくてもいい ~하지 않아도 된다

어떤 행동을 할 필요가 없다는 것을 나타내는 표현입니다. 동사의 ない형에 「なくてもいい」를 붙이면 되며, 의미는 '~하지 않아도 된다'입니다. 비슷한 표현으로 「～なくてもかまわない(~하지 않아도 상관없다)」가 있습니다.

> **동사 ない형 + なくてもいい**
> ~하지 않아도 된다

예 明日は休みだから、学校に行かなくてもいいです。
내일은 휴일이니까 학교에 가지 않아도 됩니다.

予約した人は並ばなくてもいいです。
예약한 사람은 줄 서지 않아도 됩니다.

단어
休(やす)み 휴일
予約(よやく)する 예약하다
並(なら)ぶ 줄 서다, 늘어서다

254

① バナナは冷蔵庫(れいぞうこ)に入(い)れ(　　　　　　)ですよ。

바나나는 냉장고에 넣<u>지 않는 편이 좋</u>아요.

② 食欲(しょくよく)がない時(とき)は無理(むり)に食(た)べ(　　　　　　)です。

식욕이 없을 때는 무리해서 먹<u>지 않아도 됩</u>니다.

정답 ① ない方(ほう)がいい ② なくてもいい

단어

バナナ 바나나

冷蔵庫(れいぞうこ) 냉장고

入(い)れる 넣다

食欲(しょくよく) 식욕

無理(むり)に 무리해서

⑥ 〜なければならない ~해야 한다

책임, 의무, 필요성 등을 나타내는 표현입니다. 동사의 ない형에 「なければならない / いけない」를 붙이면 되며, 「〜なくてはならない / いけない」 또는 「〜ないといけない」와 같이 쓸 수도 있습니다. 의미는 직역하면 '~하지 않으면 안 된다'이며, 자연스러운 해석은 '~해야 한다'입니다.

이 표현들은 「〜なければ / なくては / ないと」 그리고 「〜ならない / いけない」의 조합으로 되어 있습니다.

동사 ない형 + なければならない / いけない
なくてはならない / いけない
ないといけない

~해야 한다

예 20歳(さいいじょう)以上の人(ひと)は、国民年金(こくみんねんきん)に加入(かにゅう)しなければなりません。

20세 이상인 사람은 국민연금에 가입해야 합니다.

明日(あした)までにレポートを出(だ)さなくてはいけません。

내일까지 리포트를 내야 합니다.

学校(がっこう)の決(き)まりは守(まも)らないといけません。

학교 규칙은 지켜야 합니다.

단어

国民年金(こくみんねんきん) 국민 연금

加入(かにゅう)する 가입하다

出(だ)す 내다, 제출하다

決(き)まり 결정, 규칙

守(まも)る 지키다

⁺PLUS

「～なければ」와 「～ならない」는 문어체이며, 「～なくては」 「～ないと」와 「～いけない」는 회화체입니다. 따라서 「～なければならない」는 조금 형식적이고 딱딱한 느낌이며, 「～なくてはならない」는 비교적 부드러운 느낌입니다. 「～ないといけない」는 회화체이지만, 조금 강한 느낌이 있습니다. 그리고 「～なければいけない」나 「～なくてはいけない」처럼 조합해서 사용하는 경우도 있지만, 「～ないとならない」는 약간 부자연스러운 느낌이라 잘 사용되지 않습니다.

추가로 「～ならない」와 「～いけない」가 사용되는 경향을 비교해 보았을 때, 「～ならない」는 사회적인 상식 등으로 누구에게나 있는 의무나 필요성, 즉 법이나 규칙 등에 대해 이야기할 때 주로 사용되며, 「～いけない」는 개인적인 일에 대해, 그렇게 하지 않으면 그 결과로 불이익이 생기는 경우에 주로 사용됩니다. 다만, 어디까지나 경향이므로 절대적으로 지켜지는 사항은 아닙니다.

⁺PLUS

회화체는 표현을 짧게 줄여, 「～なければ」는 「～なきゃ」로, 「～なくては」는 「～なくちゃ」와 같이 말할 수 있습니다. 「～なくちゃ」는 상대방에게는 잘 사용하지 않으며, 「そろそろ帰らなくちゃ…。(슬슬 돌아가지 않으면…)」와 같이 주로 혼잣말로 사용합니다.

✏️ 바로 확인하기

① ルールは守ら(　　　　　　　　　)。
규칙은 지켜야 합니다.

② 明日は6時に起き(　　　　　　　　　)。
내일은 6시에 일어나야 합니다.

③ 次の駅で乗り換え(　　　　　　　　)。
다음 역에서 갈아타야 합니다.

단어

ルール 룰, 규칙
起(お)きる 일어나다
次(つぎ) 다음 | 駅(えき) 역
乗(の)り換(か)える 갈아타다

정답 ①なければ / なくては なりません　②なければ / なくては / ないといけません
③なければ / なくては / ないといけません

문형	활용 방법
〜ないで 〜하지 않고, 〜하지 말고	**동사 ない형 + ないで** 例 話さないで 이야기하지 않고, 이야기하지 말고
〜なくて 〜하지 않아서	**동사 ない형 + なくて** 例 話さなくて 이야기하지 않아서
〜ないでください 〜하지 마세요	**동사 ない형 + ないでください** 例 話さないでください。 이야기하지 마세요.
〜ない方がいい 〜하지 않는 편이 좋다	**동사 ない형 + ない方がいい** 例 話さない方がいい。 이야기하지 않는 편이 좋다.
〜なくてもいい 〜하지 않아도 된다	**동사 ない형 + なくてもいい** 例 話さなくてもいい。 이야기하지 않아도 된다.
〜なければならない / いけない **〜なくてはならない / いけない** **〜ないといけない** 〜해야 한다	**동사 ない형 + なければならない / いけない** 例 話さなければならない。 이야기해야 한다. **동사 ない형 + なくてはならない / いけない** 例 話さなくてはならない。 이야기해야 한다. **동사 ない형 + ないといけない** 例 話さないといけない。 이야기해야 한다.

1 다음 빈칸에 들어갈 알맞은 말을 골라 보세요.

1) 숙제를 하지 <u>않아서</u> 선생님에게 혼났다.

宿題をし ＿＿＿＿先生に怒られた。

① なくて　② ずに　③ ないで　④ ないと

2) 그렇게 서두르지 <u>않아도 된다.</u>

そんなに急が ＿＿＿＿。

① ないでもいい　　　② なくでください

③ ない方がいい　　　④ なくてもいい

3) 이력서는 까만 펜으로 써<u>야 한다.</u>

履歴書は黒いペンで書か ＿＿＿＿。

① なければいい　　　② なくてはなりない

③ ないといい　　　　④ なければいけない

2 보기의 단어를 이용해 문장을 완성해 보세요.

보기 する(하다)　捨てる(버리다)　飲む(마시다)

1) 자기 전에는 커피를 <u>마시지 않는</u> 편이 좋습니다.

寝る前はコーヒーを ＿＿＿＿＿＿＿＿＿＿＿＿＿＿＿＿＿＿ です。

2) 공부를 <u>하지 않고</u> 시험을 봤다.

勉強を ＿＿＿＿＿＿＿＿＿ にテストを受けた。

3) 여기에 쓰레기를 <u>버리지 마세요</u>.

ここにゴミを _____ 。

③ <u>★</u> 에 들어갈 말로 1, 2, 3, 4에서 가장 알맞은 것을 골라 보세요.

1) 今日^{きょう}は ____ <u>★</u> ____ ____ 出^でかけた。

① ずに　② 持^もた　③ を　④ かばん

2) レポートは ____ ____ ____ <u>★</u> いけません。

① ないと　② 出^ださ　③ までに　④ 明日^{あした}

3) 学校^{がっこう} ____ ____ <u>★</u> ____ なりません。

① なければ　② 守^{まも}ら　③ ルールは　④ の

❶ 1)①　2)④　3)④
❷ 1)飲^のまない方^{ほう}がいい　2)せず　3)捨^すてないでください
❸ 1)③　2)①　3)②

23과
동사 て형
관련 문형

동사의 て형으로 만들 수 있는 다양한 문형들을 익혀 봅시다.

① 〜てください ~해 주세요

정중하게 지시하거나 명령하는 표현으로, 동사의 て형에 「ください」를 붙이면 됩니다. 의미는 '~해 주세요'입니다.

> # 동사 て형 + ください
> ~해 주세요

예 ここに住所と名前を書いてください。
여기에 주소와 이름을 써 주세요.

今日はゆっくり休んでください。
오늘은 느긋하게 쉬세요.

단어
住所(じゅうしょ) 주소
名前(なまえ) 이름
ゆっくり 천천히, 느긋하게, 푹
休(やす)**む** 쉬다

PLUS

「〜てください」에서 「ください」를 빼고 「〜て」라고 하면 '~해 줘'와 같이 반말로 지시하거나 부탁하는 표현이 됩니다.

② 〜ている ~하고 있다, ~되어 있다

행위의 진행과 결과의 상태를 나타내는 표현으로, 동사의 て형에 いる를 붙이면 됩니다. 의미는 타동사에 접속하는 경우는 '~하고 있다'이며, 자동사에 접속하는 경우는 '~되어 있다'입니다.

> **진행** # 타동사 て형 + いる
> ~하고 있다

> **상태** # 자동사 て형 + いる
> ~되어 있다

예 夫はテレビを見ています。

남편은 텔레비전을 보고 있습니다.

玄関のドアを開けています。

현관문을 열고 있습니다.

松原さんは福岡に住んでいます。

마쓰바라 씨는 후쿠오카에 살고 있습니다.

彼は眼鏡をかけています。

그는 안경을 쓰고 있습니다.

➕ PLUS

자동사는 목적어가 필요 없는 동사로, 앞에 조사 「が」가 앞에 옵니다. 한편 타동사는 목적어를 필요로 하는 동사로, 앞에 조사 「を」가 옵니다. 「歩く(걷다)」「走る(달리다)」「行く(가다)」「働く(일하다)」와 같이 자동사만 있는 동사도 있지만, 아래와 같이 자동사와 타동사가 세트로 되어 있는 경우도 많습니다.

자동사		타동사	
나가다, 나오다	出る	내다, 제출하다	出す
늘다, 증가하다	増える	늘리다, 증가시키다	増やす
일어나다	起きる	일으키다, 깨우다	起こす
줄다, 감소하다	減る	줄이다, 감소시키다	減らす
열리다	開く	열다	開ける
타다	乗る	태우다	乗せる
되돌아가다, 되돌아오다	返る	되돌리다	返す
닫히다	閉まる	닫다	閉める
바뀌다	変わる	바꾸다	変える
팔리다	売れる	팔다	売る
들어가다, 들어오다	入る	넣다	入れる

③ ~てある ~되어져 있다

상태를 나타내는 표현으로, 누가 한 행위인지 모르겠지만 그렇게 되어 있다는 '결과의 상태'와, 누가 한 행위인지 알고 있으며 그렇게 되어 있다는 '준비된 상태'가 있습니다. 타동사의 て형에 「ある」를 붙이면 되며, 의미는 '~되어져 있다'입니다.

상태　타동사 て형 + ある

~되어져 있다

예 玄関(げんかん)のドアが開(あ)けてあります。　현관문이 열려져 있습니다.

ホテルはもう予約(よやく)してあります。　호텔은 이미 예약되어 있습니다.

단어
ホテル 호텔
予約(よやく)する 예약하다

➕PLUS

'자동사 て형+いる'는 일반적인 상태를 나타내는데 반해, '타동사 て형+ある'는 인위적인 상태를 나타냅니다. 따라서 자동사 「開(あ)く(열리다)」를 사용한 「ドアが開(あ)いている」의 경우는 단순히 문이 열려 있는 상태라는 것을 나타내지만, 타동사 「開(あ)ける(열다)」를 사용한 「ドアが開(あ)けてある」의 경우에는 무언가 또는 누군가에 의해 문이 열려져 있다는 인위적인 상태를 나타냅니다.

✏️ 바로 확인하기

① ちょっと待(ま)つ(　　　　)。 잠시 기다려 주세요.
② 兄(あに)は洗濯物(せんたくもの)を干(ほ)し(　　　　)。 형은 빨래를 말리고 있습니다.
③ 姉(あね)は銀行(ぎんこう)で働(はたら)い(　　　　)。 언니는 은행에서 일하고 있다.
④ 部屋(へや)の電気(でんき)がつけ(　　　　)。 방의 전기불이 켜져 있습니다.

정답 ①てください ②ています ③ている ④てあります

단어
待(ま)つ 기다리다
洗濯物(せんたくもの)を干(ほ)す 빨래를 말리다
銀行(ぎんこう) 은행
働(はたら)く 일하다
電気(でんき)をつける 전기불을 켜다

④ ～ておく ~해 놓다/두다

어떤 목적을 위해 사전에 준비해 둔다는 것을 나타내거나 아무것도 하지 않고 그 상태를 유지하거나 방치해 둔다는 것을 나타냅니다. 동사의 て형에 「おく」를 붙이면 되며, 의미는 '~해 놓다/두다'입니다.

> # 동사 て형 + おく
> ~해 놓다/두다

예 発表の前に、スライドと原稿を準備しておきます。
발표 전에 슬라이드와 원고를 준비해 둡니다.

猫がいるので、家に誰もいない時も電気をつけて
おきます。
고양이가 있어서 집에 아무도 없을 때도 전기불을 켜 둡니다.

+PLUS

가벼운 회화체의 경우 「～ておく」는 「～とく」, 「～でおく」는 「～どく」와 같이 줄여서 사용하기도 합니다.

⑤ ～てしまう ~해 버리다, ~하고 말다

어떤 행위를 완전히 완료한다는 것을 나타내거나 의도하지 않고 한 행동에 대해 후회하거나 안타까워하는 것을 나타낼 때 사용하는 표현입니다. 동사의 て형에 「しまう」를 붙이면 되며, 의미는 '~해 버리다, ~하고 말다'입니다.

> # 동사 て형 + しまう
> ~해 버리다, ~하고 말다

예 面白くて一気に読んでしまいました。

재미있어서 단숨에 읽어 버렸습니다.

ダイエット中なのに、食べすぎてしまいました。

다이어트 중인데 과식하고 말았습니다.

단어

一気(いっき)に 단숨에
読(よ)む 읽다
ダイエット 다이어트
〜中(ちゅう) ~중
〜(な)のに ~인데, ~인데도
食(た)べすぎる 과식하다

PLUS

가벼운 회화체의 경우 「〜てしまう」는 「〜ちゃう」 「〜でしまう」는 「〜じゃう」와 같이 줄여서 사용하기도 합니다.

6 〜てから ~하고 나서

'A てから B'는 A 행위를 한 후에 B 행위를 한다는 것을 나타내는 표현으로, 동사의 て형에 조사 「から」를 붙이면 됩니다. 의미는 '~하고 나서'입니다.

동사 て형 + から

~하고 나서

예 歯を磨いてから顔を洗います。

이를 닦고 나서 세수를 합니다.

宿題をしてからゲームをします。

숙제를 하고 나서 게임을 합니다.

단어

歯(は)を磨(みが)く 이를 닦다
顔(かお)を洗(あら)う 세수를 하다
宿題(しゅくだい) 숙제
ゲーム 게임

바로 확인하기

① 授業の前に予習し(　　　　　　　)。 수업 전에 예습해 둡니다.

② バイト初日から遅刻し(　　　　　　)。
아르바이트 첫날부터 지각해 버렸습니다.

③ 電気を消し(　　　　)寝ます。 전기불을 끄고 나서 잡니다.

정답 ①ておきます ②てしまいました ③てから

단어
授業(じゅぎょう) 수업
予習(よしゅう)する 예습하다
バイト 아르바이트
初日(しょにち) 첫날
遅刻(ちこく)する 지각하다
消(け)す 끄다, 지우다

---

❼ ~てみる ~해 보다

어떤 결과일지 확인하기 위해 실제로 시도해 본다는 것을 나타내는 표현으로, 동사의 て형에 「みる」
를 붙이면 됩니다. 의미는 '~해 보다'입니다.

> ## 동사 て형 + みる
> ~해 보다

例 彼女に明日来るかどうか聞いてみます。

그녀에게 내일 올지 어떨지 물어보겠습니다.

内容に間違いがないか確認してみます。

내용에 오류가 없는지 확인해 보겠습니다.

단어
~かどうか ~할지 어떨지
聞(き)く 듣다, 묻다
内容(ないよう) 내용
間違(まちが)い 오류, 틀림
確認(かくにん)する 확인하다

＋PLUS

「~てみたい(~해 보고 싶다)」「~てみてください(~해 봐 주세요)」「~てみよう(~해 보자)」「~てみまし
ょう(~해 봅시다)」 등과 같이 다양하게 활용하는 표현입니다.

⑧ 〜ていく・〜てくる ~해 가다 · ~해 오다

이동과 시간의 방향을 나타내는 표현으로, 동사의 て형에 「いく」나 「くる」를 붙이면 됩니다. 의미는 각각 '~해 가다', '~해 오다'입니다.

동사 て형 + いく
~해 가다

동사 て형 + くる
~해 오다

이동의 방향은 그 동작이 어느 쪽에서 어느 쪽으로 가느냐, 즉 말하는 사람의 시점(視点)을 기준으로 한 공간적인 이동의 방향을 나타냅니다.

예 午後から雨が降るというので、傘を持っていきます。

오후부터 비가 온다고 해서 우산을 가지고 갑니다.

友だちとご飯を食べて帰ってきました。

친구와 밥을 먹고 돌아왔습니다.

단어
〜という ~라고 하는
傘(かさ) 우산
持(も)つ 가지다, 들다
帰(かえ)る 돌아가다, 돌아오다

시간의 방향은 특정 시점(時点)에서 생긴 일의 시간적 추이나 변화를 나타냅니다. 현재를 기준으로 했을 때 과거에서 변화하기 시작하여 현재에 이르렀다면 「〜てくる」를, 현재에서 변화하기 시작해 계속해서 미래로 변해간다면 「〜ていく」를 사용합니다. 이 경우 '~해 오다'나 '~해 가다'와 같이 해석되는 경우와 그렇지 않은 경우가 있으니 문맥으로 판단해서 해석해야 합니다.

예 少しずつ秋が深まっていきます。

조금씩 가을이 깊어져 갑니다.

天気予報通り雨が降ってきました。

일기예보대로 비가 내렸습니다.

단어
少(すこ)しずつ 조금씩
深(ふか)まる 깊어지다
天気予報(てんきよほう) 일기예보
〜通(どお)り ~대로

① 美味しいかどうか食べ(　　　　　　　)。
おい　　　　　　　　た
맛있는지 어떤지 먹어 보겠습니다.

② 学校まで歩い(　　　　　　　)。 학교까지 걸어서 갑니다.
がっこう　　ある

③ 友だちと遊びに行っ(　　　　　　)。
とも　　あそ　い
친구와 놀러 갔다 왔습니다.

④ これから人口が減っ(　　　　　　)。
じんこう　へ
앞으로 인구가 줄어갈 것입니다.

⑤ 最近、体重が増え(　　　　　　　)。 요즘 체중이 늘어났습니다.
さいきん　たいじゅう　ふ

단어
歩(ある)く 걷다
遊(あそ)ぶ 놀다
これから 앞으로
人口(じんこう) 인구
減(へ)る 줄다, 감소하다
体重(たいじゅう) 체중
増(ふ)える 늘다, 증가하다

정답 ① てみます ② ていきます ③ てきました ④ ていきます ⑤ てきました

---

⑨ **～てもいい** ~해도 된다

어떤 행동을 해도 문제가 없는지에 대한 허가를 나타내는 표현으로, 동사의 て형에 조사 「も」와 「いい」를 붙이면 됩니다. 의미는 '~해도 된다'입니다.

동사 て형＋も＋いい
~해도 된다

예 トイレを借りてもいいですか。　화장실을 빌려도 될까요?
か
今日はもう帰ってもいいですよ。　오늘은 이제 돌아가도 돼요.
きょう　　　かえ

단어
トイレ 화장실
借(か)りる 빌리다

PLUS

허가를 요구하는 표현에 대해, 긍정은 「はい。(네.)」「ええ、どうぞ。(네, 그러세요.)」「いいですよ。(괜찮아요.)」「～てもいいですよ。(~해도 돼요.)」 등으로, 부정은 「すみません、ちょっと…。(미안합니다, 좀…)」「すみません、～ですから…。(미안합니다, ~라서…)」「～ないでください。(~하지 마세요.)」 등으로 대답할 수 있습니다.

⑩ 〜てはならない ~해서는 안 된다

어떤 행위나 동작의 금지를 나타내는 표현으로, 동사의 て형에 조사 「は」 그리고 「ならない / いけない」를 붙이면 됩니다. 의미는 '~해서는 안 된다'입니다. 「〜てはならない」는 일반적으로 허용되지 않는 것에 대한 객관적인 표현으로, 법률 조문 등에서 많이 사용됩니다. 따라서 의무감이나 책임감에서 당연히 금지해야 한다고 생각되는 일에 사용합니다. 반면 「〜てはいけない」는 화자가 단순히 상대의 행위가 바람직하지 않다고 생각할 때, 그 행동을 바로 그 자리에서 금지하는 경우에 많이 사용됩니다.

> ### 동사 て형 + は + ならない
> ### いけない
>
> ~해서는 안 된다

예 20歳未満の人はお酒を飲んではなりません。

20세 미만인 사람은 술을 마셔서는 안 됩니다.

道にゴミを捨ててはいけません。

길에 쓰레기를 버려서는 안 됩니다.

단어

未満(みまん) 미만
お酒(さけ) 술 | **飲**(の)**む** 마시다
道(みち) 길 | **ゴミ** 쓰레기
捨(す)**てる** 버리다

PLUS

가벼운 회화체의 경우 「〜ては」는 「〜ちゃ」, 「〜では」는 「〜じゃ」와 같이 줄여서 사용하기도 합니다.

⑪ ~ているところだ ~하고 있는 참이다

동작이 한창 진행되는 중이라는 것을 나타내는 표현으로, 동사의 て형에 상태를 나타내는 「いる」를 붙인 후, '마침 그때이다'라는 의미를 가진 「ところだ」를 붙이면 됩니다. 의미는 '~하고 있는 참이다'입니다.

동사 て형 + いる + ところだ

~하고 있는 참이다

예 今テレビを見ているところです。

지금 텔레비전을 보고 있는 참입니다.

今ご飯を作っているところです。

지금 밥을 짓고 있는 참입니다.

단어
今(いま) 지금
見(み)る 보다
ご飯(はん)を作(つく)る 밥을 짓다

바로 확인하기

① タバコを吸っ(   )か。 담배를 피워도 됩니까?
② 約束は破っては(   )。 약속은 깨서는 안 된다.
③ 今宿題をし(   )です。

지금 숙제를 하고 있는 참입니다.

단어
タバコを吸(す)う 담배를 피우다
約束(やくそく) 약속
破(やぶ)る 깨다, 부수다

정답 ①てもいいてす ②ならない/いけない ③ているところ

271

문형	활용 방법
～てください ~해 주세요	**동사 て형 + ください** 예 話してください。　이야기해 주세요.
～ている ~하고 있다, ~되어 있다	**타동사 て형 + いる** 예 話している。　이야기하고 있다. **자동사 て형 + いる** 예 開いている。　열려 있다.
～てある ~되어져 있다	**타동사 て형 + ある** 예 開けてある。　열려져 있다.
～ておく ~해 놓다/두다	**동사 て형 + おく** 예 話しておく。　이야기해 놓다.
～てしまう ~해 버리다, ~하고 말다	**동사 て형 + しまう** 예 話してしまう。　이야기해 버리다.
～てから ~하고 나서	**동사 て형 + から** 예 話してから 이야기하고 나서
～てみる ~해 보다	**동사 て형 + みる** 예 話してみる。　이야기해 보다.

〜ていく ~해 가다 **〜てくる** ~해 오다	**동사 て형 + いく** ON 持っていく。 가지고 가다. 変わっていく。 변해 가다. **동사 て형 + くる** ON 持ってくる。 가지고 오다. 変わってくる。 변해 오다.
〜てもいい ~해도 된다	**동사 て형 + も + いい** ON 話してもいい。 이야기해도 된다.
〜てはならない / いけない ~해서는 안 된다	**동사 て형 + は + ならない / いけない** ON 話してはならない。 이야기해서는 안 된다.
〜ているところだ ~하고 있는 참이다	**동사 て형 + いる + ところだ** ON 話しているところだ。 이야기하고 있는 참이다.

1 다음 빈칸에 들어갈 알맞은 말을 골라 보세요.

1) 시간이 없으니 달려갑니다.

時間がないから走って _____。

① います　② いきます　③ みます　④ きます

2) 거짓말을 해서는 안 됩니다.

嘘を _____ いけません。

① ついてから　② ついて　③ ついては　④ ついても

3) 그는 안경을 쓰고 있습니다.

彼は眼鏡をかけて _____。

① います　② します　③ きます　④ あります

2 보기의 단어를 이용해 문장을 완성해 보세요.

보기　無くす(잃다)　聞く(듣다, 묻다)　慣れる(익숙해지다)

1) 선생님에게 한자 읽는 법을 물어봤습니다.

先生に漢字の読み方を _____。

2) 조금씩 익숙해져 왔습니다.

少しずつ _____。

3) 어딘가에 지갑을 잃어버렸습니다.

どこかに財布を _____。

3 ___★___ 에 들어갈 말로 1, 2, 3, 4에서 가장 알맞은 것을 골라 보세요.

1) 内容に ＿＿＿＿ ＿＿＿＿ ＿★＿ ＿＿＿＿ ください。

　① てみて　　② ないか　　③ 確認し　　④ 間違いが

2) 間違いが ＿★＿ ＿＿＿＿ ＿＿＿＿ ＿＿＿＿ ところです。

　① 確認　　② あるか　　③ している　　④ どうか

3) 宿題を ＿★＿ ＿＿＿＿ ＿＿＿＿ ＿＿＿＿ いいですか。

　① ゲームを　　② しても　　③ から　　④ して

24과
동사 た형
관련 문형

동사의 た형으로 만들 수 있는 다양한 문형들을 익혀 봅시다.

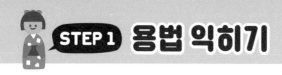

① 〜た後で ~한 후에

'A た後で B'는 A의 일이 B의 일보다 먼저 일어난다는 것을 나타내는 표현으로, 동사의 た형에 「後で」를 붙이면 됩니다. 의미는 '~한 후에'입니다.

동사 た형 + 後で

~한 후에

예 宿題をした後で、ゲームをします。　숙제를 한 후에 게임을 합니다.

電車を降りた後で、傘を忘れたことに気づきました。

전철을 내린 후에 우산을 잊은 것을 깨달았습니다.

단어
降(お)りる 내리다
忘(わす)れる 잊다
気(き)づく 눈치채다, 깨닫다

➕ PLUS

「会議の後で、ご飯を食べに行きます。(회의 후에 밥을 먹으러 갑니다.)」와 같이 '명사+の後で'의 형태로 사용할 수도 있습니다.

② 〜たことがある ~한 적이 있다

경험을 나타내는 표현으로, 동사의 た형에 「ことがある」를 붙이면 됩니다. 의미는 '~한 적이 있다'입니다. 경험이 없을 경우 「〜たことがない」라고 하면 되며, 의미는 '~한 적이 없다'입니다.

동사 た형 + ことがある

~한 적이 있다

예 私は沖縄に行ったことがあります。　저는 오키나와에 간 적이 있습니다.

단어
沖縄(おきなわ) 오키나와

278

しゃぶしゃぶは食(た)べたことがありません。

샤부샤부는 먹은 적이 없습니다.

A : 日本語能力試験(にほんごのうりょくしけん)を受(う)けたことがありますか。

일본어능력시험을 본 적이 있습니까?

B1 : はい、あります。 / 受(う)けたことがあります。

네, 있습니다. / 본 적이 있습니다.

B2 : いいえ、ありません。 / 受(う)けたことがありません。

아니요, 없습니다. / 본 적이 없습니다.

단어

しゃぶしゃぶ 샤부샤부

日本語能力試験(にほんごのうりょくしけん) 일본어능력시험

試験(しけん)**を受**(う)**ける** 시험을 보다

PLUS

「~ことがある」는 동사의 기본형에 붙어, '항상은 아니지만 가끔 ~한다'는 것을 나타내기도 합니다. 「田中先生(たなかせんせい)はいつも優(やさ)しいですが、怒(おこ)ることもあります。(다나카 선생님은 항상 상냥하지만, 화내는 경우도 있습니다.)」와 같이 '동사 기본형+ことがある'의 형태로도 사용합니다. 의미는 '~할 때가 있다', '~하는 경우가 있다'입니다.

단어

優(やさ)**しい** 상냥하다

怒(おこ)**る** 화내다, 꾸짖다

바로 확인하기

① 映画(えいが)を見(み)(   )、本屋(ほんや)に行(い)きます。

영화를 본 후에 서점에 갑니다.

② 牛丼(ぎゅうどん)を食(た)べ(   )。 소고기 덮밥을 먹은 적이 있다.

정답 ①た後(あと)で ②たことがある

단어

本屋(ほんや) 서점

牛丼(ぎゅうどん) 소고기 덮밥

3 ~た方(ほう)がいい ~하는 편이 좋다

상태에게 조언이나 충고를 할 때 사용하는 표현으로, 동사의 た형에 「方(ほう)がいい」를 붙이면 됩니다. 말 끝에 「よ(~요)」를 수반하는 경우가 많으며, 의미는 '~하는 편이 좋다'입니다.

동사 た형 + 方がいい

~하는 편이 좋다

예 けがをした時は、すぐに病院へ行った方がいいですよ。

다쳤을 때는 바로 병원에 가는 편이 좋아요.

健康のためには野菜をたくさん食べた方がいいですよ。

건강을 위해서는 채소를 많이 먹는 편이 좋아요.

단어

けがをする 다치다, 상처를 입다
すぐに 곧, 즉시
病院(びょういん) 병원
野菜(やさい) 채소
たくさん 많이

+PLUS

「~方がいい」는「病院へ行く方がいいですよ。(병원에 가는 편이 좋아요.)」와 같이 '동사의 기본형+方がいい'의 형태로 사용할 수도 있습니다. 「~た方がいい」는 말하는 사람이 추천하는 마음을 강하게 드러내는 느낌이라면 동사의 기본형에 접속한 '~方がいい'는 여러 개의 선택지 중에서 객관적이고 중립적으로 추천하는 느낌입니다.

4 ~たり ~たりする ~하거나 ~하거나 한다, ~하기도 하고 ~하기도 한다

예시나 병렬을 나타내는 표현입니다. 동사의 た형에「り」를 붙이고, 또 동사의 た형에「り」를 붙인 후「する」를 연결하면 됩니다. 의미는 '~하거나 ~하거나 한다', '~하기도 하고 ~하기도 한다'입니다. 어미가「ぐ」로 끝나거나「ぬ, ぶ, む」로 끝나는 경우에는,「~だり」의 형태가 되는 것에 주의해 주세요.

동사 た형 + り + 동사 た형 + り + する

~하거나 ~하거나 한다, ~하기도 하고 ~하기도 한다

예 週末は、友だちに会ったり買い物に行ったりします。

주말에는 친구를 만나거나 쇼핑하러 가거나 합니다.

단어

週末(しゅうまつ) 주말
買(か)**い物**(もの) 쇼핑

昨日<ruby>昨日<rt>きのう</rt></ruby>は、<ruby>家<rt>いえ</rt></ruby>で<ruby>本<rt>ほん</rt></ruby>を<ruby>読<rt>よ</rt></ruby>んだりアニメを<ruby>見<rt>み</rt></ruby>たりしました。

어제는 집에서 책을 읽기도 하고 애니메이션을 보기도 했습니다.

<ruby>父<rt>ちち</rt></ruby>は<ruby>仕事<rt>しごと</rt></ruby>で<ruby>韓国<rt>かんこく</rt></ruby>と<ruby>日本<rt>にほん</rt></ruby>を<ruby>行<rt>い</rt></ruby>ったり<ruby>来<rt>き</rt></ruby>たりしています。

아버지는 일로 한국과 일본을 왔다 갔다 하고 있습니다.

단어

本(ほん) 책 | **読**(よ)**む** 읽다
アニメ 애니메이션
仕事(しごと) 일
行(い)**ったり来**(き)**たりする**
왔다 갔다 하다

+PLUS

「〜たり〜たりする」는 동사 외에도 「<ruby>学生<rt>がくせい</rt></ruby>だったり<ruby>主婦<rt>しゅふ</rt></ruby>だったりします。(학생이거나 주부이거나 합니다.)」「<ruby>不安<rt>ふあん</rt></ruby>だったり<ruby>心配<rt>しんぱい</rt></ruby>だったりします。(불안하거나 걱정되거나 합니다.)」「<ruby>優<rt>やさ</rt></ruby>しかったり<ruby>怖<rt>こわ</rt></ruby>かったりします。(상냥하거나 무섭거나 합니다.)」와 같이 명사, な형용사, い형용사의 과거형을 활용해서 예시나 병렬을 나타낼 수 있습니다.

단어

学生(がくせい) 학생
主婦(しゅふ) 주부
不安(ふあん)**だ** 불안하다
心配(しんぱい)**だ** 걱정하다
怖(こわ)**い** 무섭다

✎ 바로 확인하기

① <ruby>早<rt>はや</rt></ruby>く<ruby>寝<rt>ね</rt></ruby>(   )よ。 빨리 자는 편이 좋아요.

② コーヒーを<ruby>飲<rt>の</rt></ruby>ん(   )レポートを<ruby>書<rt>か</rt></ruby>い(   )します。 커피를 마시거나 리포트를 쓰거나 합니다.

정답 ① た<ruby>方<rt>ほう</rt></ruby>がいいです ② たり / たり

⑤ 〜たまま ~한 채

같은 상태가 변하지 않고 계속되는 것을 나타내는 표현으로, 동사의 た형에 「まま」를 붙이면 됩니다. 의미는 '~한 채'입니다.

> **동사 た형 + まま**
> ~한 채

예 昨日(きのう)はテレビをつけたまま、寝(ね)てしまいました。

어제는 텔레비전을 켠 채 잠들어 버렸습니다.

髪(かみ)の毛(け)が濡(ぬ)れたまま寝(ね)ると髪(かみ)の毛(け)が傷(いた)みます。

머리카락이 젖은 채 자면 머리카락이 상합니다.

단어

つける 켜다
髪(かみ)の毛(け) 머리카락
濡(ぬ)れる 젖다
~と ~하면
傷(いた)む 상하다, 아프다

PLUS

부정표현은「メイクを落(お)とさないまま、寝(ね)てしまいました。(화장을 지우지 않은 채 자 버렸습니다.)」와 같이 동사 ない형에「ないまま」를 붙여 사용하며, 의미는 '~하지 않은 채'입니다.

단어

メイクを落(お)とす 화장을 지우다

6 ~たところだ 막 ~한 참이다

동작의 직후를 나타내는 표현으로, 동사의 た형에「ところだ」를 붙이면 됩니다. 의미는 '막 ~한 참이다'입니다.

> ## 동사 た형 + ところだ
> 막 ~한 참이다

예 ちょうど帰(かえ)ってきたところです。 마침 막 돌아온 참입니다.

今(いま)授業(じゅぎょう)が終(お)わったところです。 지금 수업이 막 끝난 참입니다.

단어

ちょうど 정확히, 딱, 마침
授業(じゅぎょう) 수업
終(お)わる 끝나다

바로 확인하기

① 電気(でんき)をつけ(   )出(で)かけました。

전기불을 켠 채 외출했습니다.

② ちょうど今(いま)起(お)き(   )。 지금 막 일어난 참입니다.

정답 ①たまま ②たところです

단어

電気(でんき)をつける 전기불을 켜다
出(で)かける 외출하다, 나가다
起(お)きる 일어나다

문형	활용 방법
〜た後で 〜한 후에	**동사 た형 + 後で** 예 話した後で 이야기한 후에
〜たことがある 〜한 적이 있다	**동사 た형 + ことがある** 예 話したことがある。 이야기한 적이 있다.
〜た方がいい 〜하는 편이 좋다	**동사 た형 + 方がいい** 예 話した方がいい。 이야기하는 편이 좋다.
〜たり〜たりする 〜하거나 〜하거나 한다, 〜하기도 하고 〜하기도 한다	**동사 た형 + り + 동사 た형 + り + する** 예 話したり見たりする。 이야기하거나 보거나 한다.
〜たまま 〜한 채	**동사 た형 + まま** 예 話したまま 이야기한 채
〜たところだ 막 〜한 참이다	**동사 た형 + ところだ** 예 話したところだ。 막 이야기한 참이다.

1 다음 빈칸에 들어갈 알맞은 말을 골라 보세요.

1) 저는 유니버설 스튜디오에 간 <u>적이</u> 있습니다.

私_{わたし}はユニバーサルスタジオに行_いった ＿＿＿＿ あります。

① まま　② ところが　③ 方_{ほう}が　④ ことが

2) 에어컨을 켠 <u>채</u> 잤습니다.

エアコンをつけた ＿＿＿＿ 寝_ねました。

① 後_{あと}で　② まま　③ ことが　④ 方_{ほう}が

3) 지금 막 리포트를 제출한 <u>참</u>입니다.

今_{いま}レポートを出_だした ＿＿＿＿ です。

① ところ　② こと　③ 後_{あと}　④ まま

2 보기의 단어를 이용해 문장을 완성해 보세요.

보기 する(하다)　読_よむ(읽다)　休_{やす}む(쉬다)

1) 책을 읽은 후에 목욕을 합니다.

本_{ほん}を ＿＿＿＿＿＿＿＿＿＿＿＿＿＿＿＿＿＿、お風呂_{ふ ろ}に入_{はい}ります。

2) 청소를 <u>하거나</u> 느긋하게 <u>쉬거나</u> 합니다.

掃除_{そう じ}を ＿＿＿＿＿＿＿＿＿ゆっくり ＿＿＿＿＿＿＿＿＿ します。

3) 고민은 부모에게 상담하는 편이 좋습니다.

悩_{なや}みは、親_{おや}に相談_{そう だん}＿＿＿＿＿＿＿＿＿＿＿＿＿＿＿ です。

3 ___★ 에 들어갈 말로 1, 2, 3, 4에서 가장 알맞은 것을 골라 보세요.

1) ちょうど ___★___ ____ ____ ____ です。
  ① 会議が   ② ところ   ③ 今   ④ 終わった

2) 宿題を ____ ___★___ ____ ____ いいですよ。
  ① 後で   ② ゲームを   ③ した方が   ④ した

3) 私は ____ ____ ___★___ ____ ことがあります。
  ① 寝た   ② 濡れた   ③ 髪の毛が   ④ まま

25과
조건표현

한국어의 '~하면, ~이면'에 해당하는 조건표현이 일본어에는 4개가 있습니다. 각각의 사용법을 잘 익혀 봅시다.

1 ~と ~하면, ~이면

'A と B'는 A가 성립할 경우 반드시 B가 성립된다는 것을 나타내는 표현입니다. 자연현상이나 사용법 설명, 길 안내, 계산, 습관 등과 같은 일반적인 사실과 반복적으로 항상 그렇다는 것을 나타내는 가정 조건을 나타낼 때 등에 사용됩니다. B에 의지를 나타내는 표현이나 의뢰표현 등은 올 수 없습니다. 동사와 い형용사, な형용사는 각각 기본형에, 명사는 「だ」를 추가한 후 뒤에 「と」를 붙이면 됩니다. 의미는 '~하면, ~이면'입니다.

> **동사** 　동사 기본형 + と
> **い형용사** 　い형용사 기본형 + と
> **な형용사** 　な형용사 기본형(だ) + と
> **명사** 　명사 + だ + と
> 　　　　 ~하면, ~이면

예 春になると色とりどりの花が咲きます。

봄이 되면 형형색색의 꽃이 핍니다.

このボタンを押すと、お湯が出ます。

이 버튼을 누르면 뜨거운 물이 나옵니다.

ここをまっすぐ行くと、銀行が見えます。

여기를 곧장 가면 은행이 보입니다.

10に5を足すと15になります。

10에 5를 더하면 15가 됩니다.

母は毎朝起きると、ニュースを見ます。

어머니는 매일 아침 일어나면 뉴스를 봅니다.

暑い日が続くと、ぐっすり眠れない。

더운 날이 계속되면 푹 잘 수 없다.

단어

~になる ~이/가 되다
色(いろ)とりどり 형형색색
花(はな)が咲(さ)く 꽃이 피다
ボタン 버튼, 단추
押(お)す 누르다, 밀다
お湯(ゆ) 뜨거운 물
出(で)る 나가다, 나오다
まっすぐ 곧장, 똑바로
銀行(ぎんこう) 은행
見(み)える 보이다
足(た)す 더하다, 보태다
ニュース 뉴스
暑(あつ)い 덥다
続(つづ)く 계속되다
ぐっすり 푹, 깊이 잠든 모양
眠(ねむ)る 피다, 잠들다

寒(さむ)いと風邪(かぜ)を引(ひ)きやすい。　추우면 감기에 걸리기 쉽다.

店員(てんいん)さんが親切(しんせつ)だと、また行(い)きたくなる。

점원이 친절하면 또 가고 싶어진다.

この店(みせ)は18歳(さいみまん)未満だと、入(はい)れない。

이 가게는 18세 미만이면 들어갈 수 없다.

➕ PLUS

「~と」는「ドアを開(あ)けると知(し)らない人(ひと)が立(た)っていた。(문을 열었더니 모르는 사람이 서 있었다.)」와 같이 발견을 나타낼 때도 사용됩니다. 의미는 '~했더니, ~하자'입니다.

🖊 바로 확인하기

'A ① (　　　　) B'는 A가 성립할 경우 반드시 B가 성립된다는 것을 나타내는 표현입니다. 자연현상이나 사용법 설명, 길 안내, 계산, 습관 등과 같은 ② (　　　　　　　)과, 반복적으로 항상 그렇다는 것을 나타내는 ③ (　　　　　)을 나타낼 때 등에 사용됩니다. 동사와 い형용사, な형용사는 기본형에, 명사는 ④ (　　　)를 추가한 후 뒤에 「と」를 붙이면 됩니다.

정답 ①と　②일반적인사실　③가정조건　④だ

② ~ば ~하면

'A ば B'는 A를 조건으로 하여 B가 발생한다는 것을 나타내는 표현으로, 약간 딱딱한 문어적인 느낌입니다. 「と」와 마찬가지로 일반적인 사실을 나타낼 때, 그리고 일회적인 가정조건을 나타낼 때, 그리고 속담에서도 사용됩니다. B 부분에 과거형이나 의지·권유·의뢰·명령표현 등은 올 수 없습니다. 주로 동사와 い형용사를 ば형으로 만들어 다음과 같이 활용하여 사용하며, 의미는 '~하면'입니다.

동사	1그룹 동사: 어미 う단 → え단 + ば
	2그룹 동사: 어미 る + れば
	3그룹 동사: 来る → 来れば
	する → すれば
い형용사	い형용사 い + ければ
	* いい → よければ

~하면

예 北海道は冬になれば、毎日雪が降ります。

홋카이도는 겨울이 되면 매일 눈이 내립니다.

このボタンを押せば、切符が出ます。

이 버튼을 누르면 표가 나옵니다.

ここを左に曲がれば、駅があります。

여기를 왼쪽으로 돌면 역이 있습니다.

15から5を引けば、10になります。　15에서 5를 빼면 10이 됩니다.

父は毎朝起きれば、ストレッチをします。

아버지는 매일 아침 일어나면 스트레칭을 합니다.

期末試験で90点以上を取れば合格です。

기말시험에서 90점 이상을 받으면 합격입니다.

一つ食べてみて美味しければ、買います。

한 개 먹어 보고 맛있으면 사겠습니다.

明日天気がよければ、東京ドームシティに行きます。

내일 날씨가 좋으면 도쿄돔시티에 갈 것입니다.

ちりも積もれば山となる。　티끌도 쌓이면 산이 된다. (티끌 모아 태산)

단어

北海道(ほっかいどう) 홋카이도
冬(ふゆ) 겨울
雪(ゆき)が降(ふ)る 눈이 내리다
切符(きっぷ) 표
左(ひだり) 왼쪽
曲(ま)がる 돌다, 방향을 바꾸다
駅(えき) 역
引(ひ)く 빼다, 당기다
ストレッチ 스트레칭
期末試験(きまつしけん) 기말시험
〜点(てん)を取(と)る 〜점을 받다
以上(いじょう) 이상
合格(ごうかく) 합격
天気(てんき) 날씨
東京(とうきょう)ドームシティ 도쿄돔시티
ちり 티끌, 먼지
積(つ)もる 쌓이다, 많이 모이다
山(やま) 산

ば형을 사용한 응용표현으로는 「〜ば〜ほど(~하면 할수록)」가 있습니다. 「見れば見るほどかわいい。(보면 볼수록 귀엽다.)」「荷物は軽ければ軽いほどいい。(짐은 가벼우면 가벼울수록 좋다.)」와 같이 '동사/형용사의 ば형+동사/형용사의 기본형+ほど'의 형태로 사용됩니다.

단어

かわいい 귀엽다
荷物(にもつ) 짐
軽(かる)**い** 가볍다

바로 확인하기

'A ① (   )B'는 A를 조건으로 하여 B가 발생한다는 것을 나타내는 표현입니다. 「と」와 마찬가지로 일반적인 사실을 나타낼 때, 일회적인 가정조건을 나타낼 때, 그리고 ② (   )에서도 사용됩니다. 주로 동사와 い형용사를 ば형으로 만들어 사용하는데, 1그룹 동사는 어미 う단을 ③ (   )단으로 바꾼 후 「ば」를 붙이면 되며, 2그룹 동사는 어미 「る」를 삭제한 후 「れば」를 붙이면 됩니다. 3그룹 동사의 「来る」는 ④ (   ), 「する」는 ⑤ (   ), い형용사는 어미 「い」를 삭제한 후 ⑥ (   )를 붙이면 됩니다.

정답 ①ば ②속담 ③え ④来れば ⑤すれば ⑥ければ

---

3 〜たら ~하면, ~이면

'A たら B'는 아직 일어나지 않은 A가 원인이나 계기가 되어 B가 발생한다는 것을 나타낼 때 사용하는 표현으로 일상회화에서 자주 사용됩니다. 「ば」와 마찬가지로 일회적인 가정조건을 나타낼 때, 그리고 특정적인 조건을 나타낼 때도 사용됩니다. B 부분에는 희망·명령·권유 등 다양한 표현들이 올 수 있습니다. 동사는 た형에 「ら」를 붙이면 되는데, 어미가 「ぐ」로 끝나거나 「ぬ, ぶ, む」로 끝나는 경우에는 「〜だら」의 형태가 되는 것에 주의해 주세요. 또한 い형용사, な형용사, 명사도 모두 과거형에 「ら」를 붙이면 됩니다. 의미는 '~하면, ~이면'입니다.

> **동사** 동사 た형 + ら
> **い형용사** い형용사 과거형 + ら
> * いい → よかったら
> **な형용사** な형용사 과거형 + ら
> **명사** 명사 과거형 + ら
> ~하면, ~이면

예 試験で80点以上を取ったら、卒業できます。

시험에서 80점 이상을 받으면 졸업할 수 있습니다.

宝くじが当たったら、新しい車を買いたいです。

복권에 당첨되면 새 차를 사고 싶습니다.

授業が終わったら、連絡してください。

수업이 끝나면 연락해 주세요.

食べてみて美味しかったら、買います。

먹어 보고 맛있으면 사겠습니다.

明日天気がよかったら、上野動物園に行きます。

내일 날씨가 좋으면 우에노 동물원에 갈 것입니다.

暇だったら、一緒に行きませんか。

한가하면 함께 가지 않을래요?

明日休みだったらいいのに。

내일 휴일이면 좋을 텐데.

단어

卒業(そつぎょう)する 졸업하다
宝(たから)くじが当(あ)たる
복권에 당첨되다
車(くるま) 자동차
授業(じゅぎょう) 수업
終(お)わる 끝나다
連絡(れんらく)する 연락하다
上野動物園(うえのどうぶつえん)
우에노 동물원
暇(ひま)だ 한가하다
一緒(いっしょ)に 함께, 같이
～のに ~할 텐데

PLUS

「～と」와 마찬가지로「ドアを開けたら知らない人が立っていた。(문을 열었더니 모르는 사람이 서 있었다.)」와 같이 발견을 나타낼 때도 사용됩니다. 의미는 '~했더니, ~하자'입니다.

'A ① (　　　　)B'는 아직 일어나지 않은 A가 원인이나 계기가 되어 B가 발생한다는 것을 나타낼 때
사용하는 표현입니다. ② (　　　　　　) 가정조건을 나타낼 때, 그리고 ③ (　　　　　) 조건을 나
타낼 때도 사용됩니다. 동사의 た형, い형용사, な형용사, 명사 모두 과거형에 ④ (　　　　)를 붙이면
됩니다.

정답 ①たら ②일회적인 ③특정적인 ④ら

4 ～なら ~한다면, ~이라면

'A なら B'는 A 조건에 대한 의지, 희망, 명령, 어드바이스 등을 B로 말할 때 사용하는 표현입니다. 동
사와 い형용사, 명사는 기본형에, な형용사는 「だ」를 삭제한 후 뒤에 「なら」를 붙이면 됩니다. 의미는
'~한다면, ~이라면'입니다.

> **동사** 　동사 기본형 + なら
> **い형용사** 　い형용사 기본형 + なら
> **な형용사** 　な형용사(だ) + なら
> **명사** 　명사 기본형 + なら
> 　　　　~한다면, ~이라면

예
ふじわら　　　　 さん か　　　　　 わたし　さん か
藤原さんが参加するなら、私も参加します。

후지와라 씨가 참가한다면 저도 참가하겠습니다.

みんな　い　　　　 わたし　い
皆が行くなら、私も行きたいです。

모두가 간다면 저도 가고 싶습니다.

よ　　　　　　　　　 か
コンビニへ寄るなら、タバコを買ってきてください。

편의점에 들른다면 담배를 사 와 주세요.

단어
参加(さんか)する 참가하다
皆(みんな) 모두
コンビニ 편의점
寄(よ)る 들르다

293

忙(いそが)しいなら無理(むり)しないでくださいね。　바쁘다면 무리하지 마세요.

嫌(いや)ならやめてもいいですよ。　싫다면 그만둬도 돼요.

風邪(かぜ)ならゆっくり休(やす)んだ方(ほう)がいいですよ。

감기라면 푹 쉬는 편이 좋습니다.

단어

忙(いそが)**しい** 바쁘다
無理(むり)**する** 무리하다
嫌(いや)**だ** 싫다
やめる 그만두다, 끊다

+PLUS

「なら」는 조건 외에 상대의 말을 받아 주제나 한정을 나타낼 때 사용하기
도 합니다.

A: 三河(みかわ)さんはどこですか。　미카와 씨는 어디입니까?
B: 三河(みかわ)さんなら、もう帰(かえ)りましたよ。　미카와 씨라면 이미 돌아갔어요.

A: 料理(りょうり)ができますか。　요리할 수 있습니까?
B: 味噌汁(みそしる)ぐらいなら作(つく)れますよ。　된장국 정도라면 만들 수 있어요.

단어

帰(かえ)**る** 돌아가다, 돌아오다
料理(りょうり) 요리
味噌汁(みそしる) 일본식 된장국
~ぐらい ~정도
作(つく)**る** 만들다

바로 확인하기

'A ① (　　　　)B'는 A 조건에 대한 의지, 희망, 명령, 어드바이스 등을 B로 말할 때 사용하는 표현입
니다. 동사와 い형용사, 명사는 ② (　　　　)에, な형용사는 ③ (　　　　)를 삭제한 후 뒤에 「なら」
를 붙이면 됩니다.

정답 ①なら ②기본형 ③た

표현	품사	활용 방법
~と ~하면, ~이면	동사	동사 기본형 + と
	い형용사	い형용사 기본형 + と
	な형용사	な형용사 기본형(だ) + と
	명사	명사 + だ + と
~ば ~하면	동사	1그룹　어미 う단 → え단 + ば 2그룹　어미 る → る + れば 3그룹　来る → 来れば 　　　　する → すれば
	い형용사	い형용사(い) + ければ ＊ いい → よければ
~たら ~하면, ~이면	동사	동사 た형 + ら
	い형용사	い형용사 과거형 + ら ＊ いい → よかったら
	な형용사	な형용사 과거형 + ら
	명사	명사 과거형 + ら
~なら ~한다면, ~이라면	동사	동사 기본형 + なら
	い형용사	い형용사 기본형 + なら
	な형용사	な형용사(だ) + なら
	명사	명사 기본형 + なら

1 다음 빈칸에 들어갈 알맞은 말을 골라 보세요.

1) 슈퍼마켓에 갔<u>더니</u> 휴일이었습니다.

スーパーに行っ＿＿＿、休みでした。

① たら　② けば　③ くと　④ なら

2) 15에서 5를 빼<u>면</u> 10이 됩니다.

15から 5 を引け＿＿＿、10になります。

① なら　② たら　③ ば　④ と

3) 도착하<u>면</u> 전화해 주세요.

着い＿＿＿、電話してください。

① と　② なら　③ れば　④ たら

2 보기의 단어를 이용해 문장을 완성해 보세요.

보기 暇だ(한가하다)　いい(좋다)　行く(가다)

1) 내일 날씨가 <u>좋으면</u> 바다에 갈 것입니다.
明日天気が＿＿＿＿＿＿＿＿ば、海へ行きます。

2) <u>한가하면</u> 함께 놀지 않을래요?
＿＿＿＿＿＿＿＿たら、一緒に遊びませんか。

3) 일본에 여행을 <u>간다면</u> 교토를 추천해요.
日本へ旅行に＿＿＿＿＿＿＿なら、京都がおすすめですよ。

3 ____★____ 에 들어갈 말로 1, 2, 3, 4에서 가장 알맞은 것을 골라 보세요.

1) コンビニに ____ __★__ ____ ____ ください。

　　① 買^かってきて　　② 寄^よる　　③ コーラを　　④ なら

2) 値段^{ねだん}は ____ ____ __★__ ____ です。

　　① いい　　② ほど　　③ 安^{やす}ければ　　④ 安^{やす}い

3) ここを ____ ____ __★__ ____ 見^みえます。

　　① まっすぐ　　② と　　③ 行^いく　　④ 駅^{えき}が

정답

❶ 1)①　2)③　3)④
❷ 1)よけれ　2)暇^{ひま}だっ　3)行^いく
❸ 1)④　2)②　3)②

26과
추측표현

일본어의 추측표현은「～そうだ」「～ようだ」「～みたいだ」「～らしい」와 같이 크게 네 가지가 있습니다. 각각의 사용법을 잘 익혀 봅시다.

① ~そうだ ~할 것 같다, ~하게 보인다

그러한 상태나 상황으로 보인다는 것을 나타내는 표현으로, 문법용어로는 '양태(様態)의 そうだ'라고 불립니다. 사용되는 품사에 따라 차이가 있는데, 동사의 경우 지금 어떤 일이 일어나기 직전이라고 느낄 때 사용하며, 보통 그 다음에 전개될 움직임이나 변화를 예상합니다. い형용사와 な형용사의 경우는 무엇인가를 보고 그 상태가 그렇다고 느낄 때 사용합니다. 명사에는 사용하지 않는 것이 일반적입니다. 활용은 동사는 ます형에, い형용사와 な형용사는 각각 어미를 삭제하고「そうだ」를 붙이면 되며, 의미는 '~할 것 같다, ~하게 보인다'입니다.

> 동사 **동사 ます형 + そうだ**
> い형용사 **い형용사(い) + そうだ**
> ＊ **いい → よさそうだ**
> な형용사 **な형용사(だ) + そうだ**
> ~할 것 같다, ~하게 보인다

예 今にも雨が降りそうです。 금방이라도 비가 내릴 것 같습니다.

ポケットから財布が落ちそうです。
주머니에서 지갑이 떨어질 것 같습니다.

このケーキ、とても美味しそうですね。
이 케이크 매우 맛있어 보이네요.

荷物が大きくて一人で運ぶのは大変そうですね。
짐이 커서 혼자서 옮기는 것은 힘들어 보이네요.

단어

今(いま)にも 금방이라도, 당장에라도
ポケット 주머니
財布(さいふ) 지갑
落(お)ちる 떨어지다
荷物(にもつ) 짐
大(おお)きい 크다
一人(ひとり)で 혼자서
運(はこ)ぶ 옮기다, 나르다
大変(たいへん)だ 힘들다, 큰일이다

✚PLUS

「仕事が多すぎて死にそうです。(일이 너무 많아서 죽을 것 같습니다.)」
와 같이 비유표현으로 사용하기도 합니다.

단어

仕事(しごと) 일
多(おお)い 많다
死(し)ぬ 죽다

부정형은 두 가지 형태가 있습니다. 동사는 ない형으로, い형용사와 な형용사는 부정형으로 바꾼 후 「なさそうだ」를 붙이는 경우와, 동사의 ます형에 「そうにない / そうもない / そうにもない」를, い형용사와 な형용사는 각각 어미를 삭제하고 「そうじゃない」를 붙이는 경우가 있습니다. 두 번째 경우가 보다 강한 부정의 느낌이 듭니다.

예 雨が降らなさそうです。

雨が降りそうにないです。

雨が降りそうもないです。

雨が降りそうにもないです。

비가 내릴 것 같지 않습니다.

ケーキが美味しくなさそうです。

ケーキが美味しそうじゃないです。

케이크가 맛있어 보이지 않습니다.

思ったより大変じゃなさそうです。

思ったより大変そうじゃないです。

생각한 것보다 힘들어 보이지 않습니다.

바로 확인하기

「~そうだ」는 그러한 상태나 상황으로 보인다는 것을 나타내는 표현으로, '① (   )의 そうだ'라는 문법용어로도 불립니다. 동사의 경우 말하는 사람이 지금 어떤 일이 일어나기 직전이라고 느낄 때 사용하며, 보통 그 다음에 전개될 움직임이나 변화를 예상합니다. 또 い형용사와 な형용사의 경우 말하는 사람이 무엇인가의 겉모습을 보고 그렇다고 느낄 때 사용하며, ② (   )에는 사용하지 않습니다. 동사는 ③ (   )에, い형용사와 な형용사는 각각 어미를 삭제하고 「そうだ」를 붙이면 되며, 의미는 '~할 것 같다, ~하게 보인다'입니다.

정답 ① 양태 ② 명사 ③ ます형

② ～ようだ ~한 것 같다, ~한 모양이다

어떤 상황을 보고 판단한 것을 나타내는 표현입니다. 보고, 듣고, 만지고, 맛보고, 냄새를 맡는 등의 오감(五感)을 사용해 얻은 정보, 또는 과거의 체험을 바탕으로 한 근거를 통해 얻은 주관적인 판단을 완곡하게 단정지어 말할 때 사용합니다. 동사는 기본형·～ている·た형에, い형용사는 기본형에, な형용사는 「だ」를 삭제한 후 「な」를 추가, 명사는 기본형에 「の」를 추가, 과거형에 각각 「ようだ」를 붙이면 됩니다. 의미는 '~한 것 같다, ~한 모양이다'입니다.

> **동사**
> 동사 기본형 + ようだ
> 동사 ～ている + ようだ
> 동사 た형 + ようだ
> **い형용사** い형용사 기본형 + ようだ
> **な형용사** な형용사(だ) + な + ようだ
> **명사** 명사 기본형 + の + ようだ
> 명사 과거형 + ようだ
>
> ~한 것 같다, ~한 모양이다

예 玄関のチャイムが鳴りました。誰か来たようです。
현관 차임벨이 울렸습니다. 누군가 온 것 같습니다.

彼女は眼鏡をかけています。目が悪いようです。
그녀는 안경을 쓰고 있습니다. 눈이 나쁜 것 같습니다.

彼は毎日うどんを食べます。うどんが好きなようです。
그는 매일 우동을 먹습니다. 우동을 좋아하는 것 같습니다.

キムチ鍋の匂いがします。今日の夕飯はキムチ鍋のようです。
김치전골 냄새가 납니다. 오늘 저녁밥은 김치전골인 것 같습니다.

단어
玄関(げんかん) 현관
チャイムが鳴(な)る 차임벨이 울리다
誰(だれ)か 누군가
眼鏡(めがね)をかける 안경을 쓰다
目(め)が悪(わる)い 눈이 나쁘다
うどん 우동
キムチ鍋(なべ) 김치전골
匂(にお)いがする 냄새가 나다
夕飯(ゆうはん) 저녁밥

「まるで春のようです。(마치 봄과 같습니다.)」와 같이 비유표현으로
사용하기도 합니다.

まるで 마치

3 〜みたいだ ~한 것 같다, ~한 모양이다

「〜ようだ」와 같은 용법이지만 조금 가벼운 회화체로 「〜みたいだ」가 있습니다. 활용은 동사, い형
용사, 명사는 기본형에, な형용사는 「だ」를 삭제한 후 「みたいだ」를 붙이면 됩니다. 의미는 '~한 것 같
다, ~한 모양이다'입니다.

> **동사** 동사 기본형 + みたいだ
> **い형용사** い형용사 기본형 + みたいだ
> **な형용사** な형용사(だ) + みたいだ
> **명사** 명사 기본형 + みたいだ
> ~한 것 같다, ~한 모양이다

예 誰か来たみたいです。 누군가 온 것 같습니다.

彼女は目が悪いみたいです。 그녀는 눈이 나쁜 것 같습니다.

彼はうどんが好きみたいです。 그는 우동을 좋아하는 것 같습니다.

今日の夕飯はキムチ鍋みたいです。 오늘 저녁밥은 김치전골인 것 같습니다.

부정형은 각 품사의 ない형 및 부정형에 각각 「ないようだ」나 「ないみたいだ」를 붙이면 됩니다.

✏️ **바로 확인하기**

「〜ようだ」는 어떤 상황을 보고 판단한 것을 나타내는 표현입니다. 보고, 듣고, 만지고, 맛보고, 냄새를 맡는 등의 ① (   )을 사용해 얻은 정보, 또는 과거의 체험을 바탕으로 한 근거를 통해 얻은 ② (   )인 판단을 완곡하게 단정지어 말할 때 사용합니다. 동사는 기본형·〜ている·た형에, い형용사는 기본형에, な형용사는 어미를 삭제하고 ③ (   )를, 명사는 기본형에 ④ (   )를 추가, 과거형에 각각 「ようだ」를 붙이면 됩니다. 의미는 '~한 것 같다, ~한 모양이다'입니다. 「〜ようだ」의 가벼운 회화체로 ⑤ (   )가 있습니다.

정답 ①오감 ②주관적 ③な ④の ⑤みたいだ

④ 〜らしい ~한 것 같다, ~라고 한다

다른 사람이나 어떠한 매개체로부터 얻은 정보나 근거를 바탕으로 하여 객관적으로 판단하거나 그 판단을 전달할 때 사용합니다. 해당 정보에 대한 정확성이나 관심도는 낮은 느낌입니다. 활용은 동사는 기본형·〜ている·た형에, い형용사는 기본형에, な형용사는 「だ」를 삭제한 후, 명사는 기본형·과거형에 「らしい」를 붙이면 됩니다. 의미는 '~한 것 같다, ~라고 한다'입니다.

> **동사**
> 동사 기본형 + らしい
> 동사 〜ている + らしい
> 동사 た형 + らしい
>
> **い형용사** い형용사 기본형 + らしい
>
> **な형용사** な형용사 ~~だ~~ + らしい
>
> **명사**
> 명사 기본형 + らしい
> 명사 과거형 + らしい
>
> ~한 것 같다, ~라고 한다

예 佐々木さんは来月結婚するらしいです。

사사키 씨는 다음 달에 결혼하는 것 같습니다.

食べすぎは体に悪いらしいです。　과식은 몸에 나쁘다고 합니다.

彼はどうやら料理が苦手らしいです。

그는 아무래도 요리가 서툰 것 같습니다.

明日はキムさんの誕生日らしいです。

내일은 김 씨의 생일이라고 합니다.

✛ PLUS

부정형은 「来ないらしい(오지 않는 것 같다)」「悪くないらしい(나쁘지 않다고 한다)」「苦手じゃないらしい(서툴지 않은 것 같다)」「誕生日じゃないらしい(생일이 아니라고 한다)」와 같이 각 품사의 ない형 및 부정형에 「ないらしい」를 붙이면 됩니다.

✛ PLUS

「秋らしい(가을답다)」「男らしい(남자답다)」「先生らしい(선생님답다)」와 같이 전형적이라는 의미를 나타낼 때 사용하기도 합니다. 부정표현은 「秋らしくない(가을답지 않다)」「男らしくない(남자답지 않다)」「先生らしくない(선생님답지 않다)」와 같이 「らしい」를 부정형으로 만들어 사용합니다.

🖋 바로 확인하기

「~らしい」는 다른 사람이나 어떠한 매개체로부터 얻은 정보나 근거를 바탕으로 하여 ① (　　　　　) 으로 판단하거나 그 판단을 전달할 때 사용합니다. 동사는 기본형 · ~ている · た형에, い형용사는 기본형에, な형용사는 어미를 삭제하고, 명사는 기본형 · 과거형에 각각 「らしい」를 붙이면 됩니다. 의미는 ② (　　　　　　)입니다.

정답 ①객관적　②~한 것 같다, ~라고 한다

표현	형태	품사	활용 방법
〜そうだ ~할 것 같다, ~하게 보인다	긍정형	동사	**동사 ます형 + そうだ**
		い형용사	**い형용사(い) + そうだ** ＊**いい → よさそうだ**
		な형용사	**な형용사(だ) + そうだ**
	부정형	동사	**동사 ない형 + なさそうだ** **동사 ます형 + そうにない** **／そうもない** **／そうにもない**
		い형용사	**い형용사 부정형 + なさそうだ** **い형용사(い) + そうじゃない**
		な형용사	**な형용사 부정형 + なさそうだ** **な형용사(だ) + そうじゃない**
〜ようだ ~한 것 같다, ~한 모양이다	긍정형	동사	**동사 기본형 / ている / た형 + ようだ**
		い형용사	**い형용사 기본형 + ようだ**
		な형용사	**な형용사(だ) + な + ようだ**
		명사	**명사 기본형 + の / 과거형 + ようだ**
	부정형	동사	**동사 ない형 + ないようだ**
		い형용사	**い형용사 부정형 + ないようだ**
		な형용사	**な형용사 부정형 + ないようだ**
		명사	**명사 부정형 + ないようだ**

~みたいだ ~한 것 같다, ~한 모양이다	긍정형	동사	**동사 기본형 / ている / た형 + みたいだ**
		い형용사	**い형용사 기본형 + みたいだ**
		な형용사	**な형용사(だ) + みたいだ**
		명사	**명사 기본형 + みたいだ**
	부정형	동사	**동사 ない형 + ないみたいだ**
		い형용사	**い형용사 부정형 + ないみたいだ**
		な형용사	**な형용사 부정형 + ないみたいだ**
		명사	**명사 부정형 + ないみたいだ**
~らしい ~한 것 같다, ~라고 한다	긍정형	동사	**동사 기본형 / ている / た형 + らしい**
		い형용사	**い형용사 기본형 + らしい**
		な형용사	**な형용사(だ) + らしい**
		명사	**명사 기본형 / 과거형 + らしい**
	부정형	동사	**동사 ない형 + ないらしい**
		い형용사	**い형용사 부정형 + ないらしい**
		な형용사	**な형용사 부정형 + ないらしい**
		명사	**명사 부정형 + ないらしい**

1 다음 빈칸에 들어갈 알맞은 말을 골라 보세요.

1) 이 케이크는 칼로리가 <u>높아보입</u>니다.

このケーキはカロリーが ＿＿＿ です。

① 高<small>たか</small>いそう　② 高<small>たか</small>そう　③ 高<small>たか</small>らしい　④ 高<small>たか</small>いらしい

2) 시합은 10시부터 <u>시작된다고 합</u>니다.

試合<small>しあい</small>は10時<small>じ</small>から ＿＿＿ です。

① 始<small>はじ</small>まるらしい　② 始<small>はじ</small>まりそう

③ 始<small>はじ</small>まりらしい　④ 始<small>はじ</small>まるよう

3) 그는 낫토를 <u>좋아하지 않는 것 같습</u>니다.

彼<small>かれ</small>は納豆<small>なっとう</small>が好<small>す</small>き ＿＿＿ です。

① ようじゃない　② なようじゃない

③ じゃないよう　④ ようにもない

2 보기의 단어를 이용해 문장을 완성해 보세요.

보기 多<small>おお</small>い(많다)　風邪<small>かぜ</small>(감기)　落<small>お</small>ちる(떨어지다)

1) 아들은 <u>감기인</u> 것 같습니다.

息子<small>むすこ</small>は ＿＿＿＿＿＿＿＿＿＿ ようです。

2) 테이블에서 스마트폰이 <u>떨어질</u> 것 같습니다.

テーブルからスマホが ＿＿＿＿＿＿＿＿＿＿ そうです。

3) 저 회사는 잔업이 <u>많</u>다고 합니다.

あの会社は残業が＿＿＿＿＿＿＿らしいです。
かいしゃ　ざんぎょう

3 ＿＿★에 들어갈 말로 1, 2, 3, 4에서 가장 알맞은 것을 골라 보세요.

1) 彼は ＿＿＿ ＿＿＿ ＿★＿ ＿＿＿ です。
かれ
　　①苦手　　②数学が　　③よう　　④な
　　にが て　　すう がく

2) 今日は ＿★＿ ＿＿＿ ＿＿＿ ＿＿＿ です。
きょう
　　①ない　　②降り　　③雨が　　④そうも
　　　　　　　ふ　　あめ

3) 飲みすぎは ＿＿＿ ＿＿＿ ＿＿＿ ＿★＿ です。
の
　　①体　　②悪い　　③に　　④らしい
　　からだ　わる

27과
수동표현

수동표현은 어떤 일이나 행위, 동작을 하는 사람이 중심이 되는 것이 아니라, 그것을 받는 사람이 중심이 되는 표현입니다. 수동의 종류에는 일반수동과 피해수동이 있습니다.

① 동사의 수동형

수동형의 접속형태는 ない형과 같습니다. 1그룹 동사는 어미「う, く, ぐ, す, つ, ぬ, ぶ, む, る」를 각각「わ, か, が, さ, た, な, ば, ま, ら」로 바꾼 후「れる」를 붙이면 됩니다. 어미「う」는 예외 법칙이 적용되어「あ」로 바뀌지 않고「わ」로 바뀐다는 것을 꼭 기억해 주세요.

> **1그룹 동사의 수동형**   어미 う단 → あ단 + れる

예
* 会う → 会われる
行く → 行かれる
泳ぐ → 泳がれる
話す → 話される
待つ → 待たれる
死ぬ → 死なれる
遊ぶ → 遊ばれる
飲む → 飲まれる
作る → 作られる
* 帰る → 帰られる

2그룹 동사는 어미「る」를 삭제하고「られる」로 바꿉니다.

> **2그룹 동사의 수동형**   어미 る → られる

예
見る → 見られる
起きる → 起きられる

寝る → 寝られる

食べる → 食べられる

開ける → 開けられる

3그룹 동사는 불규칙 동사이므로, 규칙이 따로 없습니다. 따라서 정해진 형태를 그대로 외우면 됩니다.

> **3그룹 동사의 수동형**　来る → 来られる
> 　　　　　　　　　　　する → される

(예) 来る → 来られる

する → される

PLUS

각 동사의 수동형의 의미는 다음 쪽의 수동 표현을 참고해 주세요.

PLUS

2그룹, 그리고 3그룹 중 「来る(오다)」의 수동형은 가능형과 형태가 같습니다. 어느 쪽으로 사용하고 있는 지는 문맥으로 파악하면 됩니다.

바로 확인하기

수동형은 1그룹 동사의 경우 어미 う단을 ① (　　　)단으로 바꾼 후 ② (　　　)를 붙이면 됩니다. 단, 「う」는 예외로 ③ (　　　)로 바꿔야 합니다. 2그룹 동사의 경우는 어미 「る」를 삭제한 후 ④ (　　　)를 붙이면 됩니다. 불규칙 동사인 3그룹 동사의 경우는 정해진 형태를 그대로 외우면 되는 데, 「来る」는 ⑤ (　　　)로, 「する」는 ⑥ (　　　)로 바뀝니다.

정답 ①あ ②れる ③わ ④られる ⑤来られる ⑥される

② 수동표현

수동표현은 크게 일반수동과 피해수동으로 나뉩니다.

① 일반수동은 목적어를 주어로 하는 경우로, 의미는 '~받다, ~히다, ~되다'입니다.

예 100点を取って、先生にほめられました。

100점을 받아서 선생님에게 칭찬받았습니다.

猫に腕を噛まれました。　고양이에게 팔을 물렸습니다.

この小説はたくさんの人に読まれています。

이 소설은 많은 사람에게 읽혀지고 있습니다.

当社は1980年に設立されました。　당사는 1980년에 설립되었습니다.

단어

~点(てん)を取(と)る ~점을 받다
ほめる 칭찬하다
腕(うで) 팔
噛(か)む 물다, 씹다
たくさん 많음
当社(とうしゃ) 당사
設立(せつりつ)する 설립하다

② 피해수동은 피해를 입은 사람을 주어로 하는 경우로, 의미는 '~당하다'입니다. 나에게 피해를 준 대상 뒤에는 반드시 조사 「に」를 사용합니다.

예 電車の中で財布を盗まれました。

전철 안에서 지갑을 도난당했습니다.

仕事帰りに突然の雨に降られました。

퇴근 길에 갑작스런 비에 맞음을 당했습니다. (비를 맞아서 피해를 봄)

夕べ一晩中子供に泣かれました。

어제 저녁 밤새 아이에게 울음을 당했습니다. (아이가 울어서 피해를 봄)

弟にケーキを勝手に食べられました。

남동생에게 케이크를 마음대로 먹음을 당했습니다.

(남동생이 케이크를 먹어서 피해를 봄)

단어

電車(でんしゃ) 전철
盗(ぬす)む 훔치다, 도난하다
仕事帰(しごとがえ)り 퇴근길
突然(とつぜん) 돌연, 갑자기
夕(ゆう)べ 어제 저녁, 어젯밤
一晩中(ひとばんじゅう) 밤새
泣(な)く 울다
勝手(かって)に 마음대로, 제멋대로, 함부로

바로 확인하기

수동표현은 ① (　　　　)수동과 ② (　　　　)수동으로 나뉩니다.

정답 ① 일반 ② 피해

314

그룹	동사 수동형
1그룹	**어미 う단 → あ단 + れる** 예 読む → 読まれる 읽혀지다
2그룹	**어미 る → る + られる** 예 見る → 見られる 보여지다
3그룹	**불규칙 변화** 예 来る → 来られる 오게 되다 　　する → される 되다, 당하다

1 다음 빈칸에 들어갈 알맞은 말을 골라 보세요.

1) 이 건물은 1950년에 지어졌습니다.

この建物は1950年に建＿＿＿ました。

① て　② てれ　③ てらされ　④ てられ

2) 작년에 일본에서 올림픽이 개최되었습니다.

去年日本でオリンピックが開催＿＿＿ました。

① され　② し　③ させ　④ さられ

3) 여동생에게 장난감을 고장냄을 당했습니다.

妹におもちゃを壊＿＿＿ました。

① さられ　② さし　③ され　④ し

2 보기의 단어를 이용해 문장을 완성해 보세요.

보기 告白する(고백하다)　飲む(마시다)　叱る(야단치다)

1) 선생님에게 야단맞았습니다.

先生に＿＿＿＿＿＿＿ました。

2) 다나카 씨에게 고백받았습니다.

田中さんに＿＿＿＿＿＿＿ました。

3) 언니에게 주스를 마심을 당했습니다.

姉にジュースを＿＿＿＿＿＿＿ました。

③ ___★___ 에 들어갈 말로 1, 2, 3, 4에서 가장 알맞은 것을 골라 보세요.

1) この ____ __★__ ____ ____ ています。

  ① たくさんの　② 本は　③ 読まれ　④ 人に

2) 電車 ____ ____ __★__ ____ ました。

  ① 盗まれ　② 中で　③ の　④ 財布を

3) 兄 ____ ____ ____ __★__ ました。

  ① パンを　② 食べられ　③ 勝手に　④ に

정답

❶ 1)④　2)①　3)③
❷ 1)叱られ　2)告白され　3)飲まれ
❸ 1)①　2)④　3)②

317

28과
사역표현

사역표현은 다른 사람에게 어떤 일이나 행위, 동작을 하게 하는
표현입니다. 사역의 종류에는 강제·지시, 방임·허가, 원인제공·
유발이 있습니다.

STEP 1 용법 익히기

① 동사의 사역형

사역형의 접속형태는 1그룹 동사는 어미 「う, く, ぐ, す, つ, ぬ, ぶ, む, る」를 각각 「わ, か, が, さ, た, な, ば, ま, ら」로 바꾼 후 「せる」를 붙이면 됩니다. 어미 「う」는 예외 법칙이 적용되어 「あ」로 바뀌지 않고 「わ」로 바뀐다는 것을 꼭 기억해 주세요.

> **1그룹 동사의 사역형**   어미 う단 → あ단 + せる

예
＊会う → 会わせる
行く → 行かせる
泳ぐ → 泳がせる
話す → 話させる
待つ → 待たせる
死ぬ → 死なせる
遊ぶ → 遊ばせる
飲む → 飲ませる
作る → 作らせる
＊帰る → 帰らせる

2그룹 동사는 어미 「る」를 삭제하고 「させる」로 바꿉니다.

> **2그룹 동사의 사역형**   어미 る → させる

예
見る → 見させる
起きる → 起きさせる
寝る → 寝させる

320

食べる → 食べさせる

開ける → 開けさせる

3그룹 동사는 불규칙 동사이므로, 규칙이 따로 없습니다. 따라서 정해진 형태를 그대로 외우면 됩니다.

> **3그룹 동사의 사역형** 来る → 来させる
>
> する → させる

예 来る → 来させる

する → させる

📝 바로 확인하기

사역형은 1그룹 동사의 경우 어미 う단을 ① (　　　)단으로 바꾼 후 ② (　　　)를 붙이면 됩니다. 단, 「う」는 예외로 ③ (　　　)로 바꿔야 합니다. 2그룹 동사의 경우는 어미 「る」를 삭제한 후 ④ (　　　)를 붙이면 됩니다. 불규칙 동사인 3그룹 동사의 경우는 정해진 형태를 그대로 외우면 되는데, 「来る」는 ⑤ (　　　)로, 「する」는 ⑥ (　　　)로 바뀝니다.

정답 ①あ ②せる ③わ ④させる ⑤来させる ⑥させる

② 사역표현

사역표현은 크게 강제·지시의 사역, 방임·허가의 사역, 원인 제공·유발의 사역, 세 가지로 나뉩니다.

① 강제로 어떤 일을 하도록 시키는 경우로, 의미는 '~시키다, ~하게 하다'입니다.

예 後輩にお酒をたくさん飲ませます。

후배에게 술을 많이 마시게 합니다.

단어

後輩(せんぱい) 후배

お酒(さけ) 술

部下を出張に行かせます。　부하를 출장을 가게 합니다.

息子に宿題をさせます。　아들에게 숙제를 시킵니다.

단어

部下(ぶか) 부하
出張(しゅっちょう)**に行**(い)**く**
출장을 가다

② 어떤 일을 하도록 허가하거나 간섭하지 않고 내버려 두는 경우, 또는 어떤 상태로 방치해 두는 경우입니다. 의미는 '~하게 하다'입니다.

예 娘を一人で海外旅行に行かせます。

딸을 혼자서 해외여행을 가게 합니다.

子供にチョコレートを食べさせます。

아이에게 초콜릿을 먹게 합니다.

冷蔵庫に入れ忘れて、肉を腐らせました。

냉장고에 넣는 것을 잊어서 고기를 썩게 했습니다.

단어

海外旅行(かいがいりょこう) 해외
여행
チョコレート 초콜릿
冷蔵庫(れいぞうこ) 냉장고
入(い)**れ忘**(わす)**れる** 넣는 것을
잊다
肉(にく) 고기
腐(くさ)**る** 썩다, 상하다

③ 어떤 것을 하도록 원인을 제공하거나 유발하는 경우로, 동작은 물론 감정과 관련된 동사가 뒤에 옵니다. 의미는 '~하게 하다, ~하게 만들다'입니다.

예 わがままを言って父を困らせます。

제멋대로 말해서 아버지를 곤란하게 합니다.

冗談を言って皆を笑わせます。　농담을 해서 모두를 웃게 만듭니다.

寝坊して友だちを1時間ほど待たせました。

늦잠 자서 친구를 1시간 정도 기다리게 했습니다.

단어

わがままを言(い)**う** 제멋대로
말하다
困(こま)**る** 곤란하다
冗談(じょうだん)**を言**(い)**う** 농담을
하다
笑(わら)**う** 웃다
寝坊(ねぼう)**する** 늦잠 자다
待(ま)**つ** 기다리다

바로 확인하기

사역표현은 ① (　　　　　　　)의 사역, ② (　　　　　　　)의 사역, ③ (　　　　　　)의
사역으로 나뉩니다.

정답 ①강제·지시　②방임·허가　③원인 제공·유발

그룹	동사 사역형
1그룹	**어미 う단 → あ단 + せる** 예 読^よむ → 読^よませる 읽게 하다
2그룹	**어미 る → る + させる** 예 見^みる → 見^みさせる 보게 하다
3그룹	**불규칙 변화** 예 来^くる → 来^こさせる 오게 하다 する → させる 시키다

1 다음 빈칸에 들어갈 알맞은 말을 골라 보세요.

1) 학생에게 책을 읽<u>게</u> 합니다.

生徒<small>せいと</small>に本<small>ほん</small>を読<small>よ</small>＿＿＿ます。

① まれ　② みせ　③ ませ　④ め

2) 낚시를 좋아하는 남편을 낚시하러 가<u>게</u> 했습니다.

釣<small>つ</small>り好<small>ず</small>きの夫<small>おっと</small>を釣<small>つ</small>りに行<small>い</small>＿＿＿ました。

① かれ　② かせ　③ き　④ かせられ

3) 지망 학교에 합격해서 부모님을 기쁘<u>게</u> 했습니다.

志望校<small>しぼうこう</small>に合格<small>ごうかく</small>して両親<small>りょうしん</small>を喜<small>よろこ</small>＿＿＿ました。

① ばせ　② びせ　③ び　④ ばれ

2 보기의 단어를 이용해 문장을 완성해 보세요.

보기 払<small>はら</small>う(지불하다)　来<small>く</small>る(오다)　見<small>み</small>る(보다)

1) 후배에게 식사비를 <u>지불하게</u> 합니다.

後輩<small>こうはい</small>に食事代<small>しょくじだい</small>を＿＿＿＿＿＿ます。

2) 아들에게 좋아하는 애니메이션을 <u>보게</u> 합니다.

息子<small>むすこ</small>に好<small>す</small>きなアニメを＿＿＿＿＿＿ます。

3) 집 근처까지 친구를 <u>오게</u> 했습니다.

家<small>いえ</small>の近<small>ちか</small>くまで友<small>とも</small>だちを＿＿＿＿＿＿ました。

③ <u>★</u> 에 들어갈 말로 1, 2, 3, 4에서 가장 알맞은 것을 골라 보세요.

1) 寝坊（ねぼう）して ＿＿ ＿＿ ＿＿ <u>★</u> ました。

　① ほど　② 彼女（かのじょ）を　③ 待（ま）たせ　④ 1時間（じかん）

2) 冷蔵庫（れいぞうこ）<u>★</u> ＿＿ ＿＿ ＿＿ ました。

　① に　② 腐（くさ）らせ　③ 入（い）れ忘（わす）れて　④ 魚（さかな）を

3) 授業中（じゅぎょうちゅう）に ＿＿ ＿＿ <u>★</u> ＿＿ ます。

　① 笑（わら）わせ　② 言（い）って　③ 皆（みんな）を　④ 面白（おもしろ）いことを

29과
사역수동표현

사역수동표현은 강제로 어떤 일이나 행위, 동작을 하게 한 것에 대해 싫거나 민폐라고 느낄 때, 또 자연스럽게 그러한 감정이 들었다고 표현하는 경우에 사용하는 표현입니다.

① 동사의 사역수동형

사역수동형의 접속형태는 수동형·사역형과 비슷한 형태입니다. 1그룹 동사는 어미 「う, く, ぐ, す, つ, ぬ, ぶ, む, る」를 각각 「わ, か, が, さ, た, な, ば, ま, ら」로 바꾼 후 「せられる」 또는 생략된 형태인 「される」를 붙이면 됩니다. 역시 어미 「う」는 예외 법칙이 적용되어 「あ」로 바뀌지 않고 「わ」로 바뀐다는 것을 꼭 기억해 주세요.

> **1그룹 동사의 사역수동형**　　어미 う단 → あ단 + せられる
> される

예
* 会う → 会わせられる / 会わされる
行く → 行かせられる / 行かされる
泳ぐ → 泳がせられる / 泳がされる
話す → 話させられる
待つ → 待たせられる / 待たされる
死ぬ → 死なせられる / 死なされる
遊ぶ → 遊ばせられる / 遊ばされる
飲む → 飲ませられる / 飲まされる
作る → 作らせられる / 作らされる
* 帰る → 帰らせられる / 帰らされる

PLUS

일반적으로는 「～せられる」보다 「～される」쪽을 사용합니다. 단, 「話す(이야기하다)」「起こす(일으키다, 깨우다)」「押す(누르다, 밀다)」와 같이 어미가 「す」인 1그룹 동사는 「～される」로 활용할 경우 「～さされる」와 같이 「さ」가 반복되는 형태가 되기 때문인지 보통 「話させられる」「起こさせられる」「押させられる」와 같이 「～せられる」의 형태로만 사용됩니다.

2그룹 동사는 어미「る」를 삭제하고「させられる」로 바꿉니다.

> **2그룹 동사의 사역수동형** 　어미 ~~る~~ → させられる

예 見る → 見させられる
　 起きる → 起きさせられる
　 寝る → 寝させられる
　 食べる → 食べさせられる
　 開ける → 開けさせられる

3그룹 동사는 불규칙 동사이므로, 규칙이 따로 없습니다. 따라서 정해진 형태를 그대로 외우면 됩니다.

> **3그룹 동사의 사역수동형** 　来る → 来させられる
> 　　　　　　　　　　　　 する → させられる

예 来る → 来させられる
　 する → させられる

✏️ **바로 확인하기**

사역수동형은 1그룹 동사의 경우 어미 う단을 ① (　　　　)단으로 바꾼 후 ② (　　　　　) 또는
③ (　　　　　)를 붙이면 됩니다. 2그룹 동사의 경우는 어미「る」를 삭제한 후 ④ (　　　　　)를
붙이면 됩니다. 불규칙 동사인 3그룹 동사의「来る」는 ⑤ (　　　　　)로,「する」는 ⑥ (　　　　)
로 바뀝니다.

정답 ①あ ②せられる ③される ④させられる ⑤来させられる ⑥させられる

❷ 사역수동표현

① 다른 사람이 말하는 사람에게 강제로 어떤 일이나 행위를 하게 한 것에 대해 싫거나 민폐라고 느낄
때 사용하는 표현으로, 의미는 '(억지로) ~하다'입니다. 그 동작을 시키는 대상 뒤에 오는 조사 「に」는
일반적인 해석인 '~에게'가 아닌, '~이/가 시켜서' 또는 '~이/가'와 같이 문장에 맞게 의역해야 합니다.

예 子供の時、書道を習わされました。

어렸을 때, 서예를 (억지로) 배웠습니다.

母親にきゅうりを食べさせられました。

어머니가 시켜서 오이를 (억지로) 먹었습니다.

弟 に遠くまで迎えに来させられました。

남동생이 멀리까지 데리러 (억지로) 오게 했습니다.

단어
書道(しょどう) 서도, 서예
習(なら)**う** 배우다
母親(ははおや) 모친, 어머니
きゅうり 오이
遠(とお)**く** 멀리
迎(むか)**えに来**(く)**る** 데리러 오다

② 자연스럽게 그러한 감정이 들었다고 표현할 때 사용하며, 「考える(생각하다)」, 「驚く(놀라다)」, 「感心
する(감탄하다)」, 「感動する(감동하다)」, 「びっくりする(깜짝 놀라다)」와 같이 감정이나 생각에 관련된
특정 동사와 함께 사용됩니다. 의미는 '~하다, ~하게 하다, ~받다'입니다.

예 若手社員の斬新なアイディアに感心させられました。

젊은 사원의 참신한 아이디어에 감탄했습니다.

自分の生き方について考えさせられる映画でした。

자신의 삶에 대해 생각하게 하는 영화였습니다.

とても迫力のある演奏に感動させられました。

매우 박력 있는 연주에 감동받았습니다.

단어
若手社員(わかてしゃいん) 젊은 사원
斬新(ざんしん)**だ** 참신하다
アイディア 아이디어
生(い)**き方**(かた) 삶, 생활방식
~について ~에 대해, ~에 관해
迫力(はくりょく) 박력
演奏(えんそう) 연주

바로 확인하기

사역수동표현은 다른 사람이 말하는 사람에게 강제로 어떤 일이나 행위, 동작을 하게 한 것에 대해 싫

거나 ① (   )라고 느낄 때 사용하는 표현입니다. 또한 자연스럽게 그러한 ② (   )이 들었

다고 표현할 때 사용합니다.

정답 ①민폐 ②감정

그룹	동사 사역수동형
1그룹	**어미 う단 → あ단 + せられる** **される** 예 読^よむ → 読^よませられる (억지로) 읽다
2그룹	**어미 る → る + させられる** 예 見^みる → 見^みさせられる (억지로) 보다
3그룹	**불규칙 변화** 예 来^くる → 来^こさせられる (억지로) 오다 する → させられる (억지로) 하다

1 다음 빈칸에 들어갈 알맞은 말을 골라 보세요.

1) 매일 피아노 연습을 (억지로) 했습니다.

毎日ピアノの練習を ＿＿＿ ました。

① させられ　② させ　③ され　④ し

2) 부장님이 시켜서 술을 많이 (억지로) 마셨습니다.

部長にお酒をたくさん飲 ＿＿＿ ました。

① まさされ　② ませられ　③ め　④ まれ

3) 어머니가 시켜서 싫어하는 옷을 (억지로) 입었습니다.

母親に嫌いな服を着 ＿＿＿ ました。

① られ　② させ　③ せられ　④ させられ

2 보기의 단어를 이용해 문장을 완성해 보세요.

보기 待つ(기다리다)　驚く(놀라다)　辞める(그만두다)

1) 친구가 지각해서 1시간이나 (억지로) 기다렸습니다.

友だちが遅刻して、１時間も＿＿＿＿＿＿＿ました。

2) 점장님이 시켜서 아르바이트를 (억지로) 그만두었습니다.

店長にアルバイトを＿＿＿＿＿＿＿ました。

3) 아이들의 상상력에 놀랐습니다.

子供たちの想像力に＿＿＿＿＿＿＿ました。

3 ___★ 에 들어갈 말로 1, 2, 3, 4에서 가장 알맞은 것을 골라 보세요.

1) 母親(ははおや)に ____ ____ ___★___ ____ ました。

①嫌(きら)いな　②食(た)べさせ　③られ　④食(た)べ物(もの)を

2) 妹(いもうと)に ___★___ ____ ____ ____ ました。

①まで　②来(こ)させられ　③遠(とお)く　④迎(むか)えに

3) 若手社員(わかてしゃいん)の ____ ___★___ ____ ____ ました。

①アイディア　②びっくり　③には　④させられ

30과
경어표현

일본어의 경어는 일반적으로 존경어(尊敬語), 겸양어(謙讓語), 미화어(美化語), 정녕어(丁寧語)로 나뉩니다. 존경어와 겸양어 위주로 학습하면서, 추가로 미화어와 정녕어에 대해서도 가볍게 익혀봅시다.

① 존경표현

존경표현은 상대방이나 대화 속에 등장하는 사람의 행위나 상태, 관련된 것 등을 직접적으로 높이기 위해 사용하는 말입니다. 특정형 존경어와 공식형 존경어로 나눌 수 있습니다.

② [존경표현] **특정형 존경어**

동사의 경우에는 존경어의 형태가 정해져 있습니다. 즉 단어 자체가 존경어입니다.

기본형	정중체
いらっしゃる 가시다, 오시다, 계시다	いらっしゃいます 가십니다, 오십니다, 계십니다
召し上がる 드시다	召し上がります 드십니다
おっしゃる 말씀하시다	おっしゃいます 말씀하십니다
なさる 하시다	なさいます 하십니다
ご覧になる 보시다	ご覧になります 보십니다
ご存じだ 아시다	ご存じです 아십니다
くださる 주시다	くださいます 주십니다

예 もうすぐお客様がいらっしゃいます。 이제 곧 손님이 오십니다.
この漢字の読み方をご存じですか。 이 한자의 읽는 법을 아십니까?

단어
もうすぐ 이제 곧
お客様(きゃくさま) 손님
漢字(かんじ) 한자
読(よ)**み方**(かた) 읽는 법

 PLUS

「いらっしゃる(가시다, 오시다, 계시다)」「おっしゃる(말씀하시다)」「なさる(하시다)」「くださる(주시다)」의 정중체는 일반적인 1그룹 동사의 ます형 활용인 '어미 る→ります'가 아니라, '어미 る→います'로 바뀝니다.

336

① 가시다, 오시다, 계시다 → (　　　　　　)

② 드시다 → (　　　　　)

③ 말씀하시다 → (　　　　　)

④ 하시다 → (　　　　)

⑤ 보시다 → (　　　　)

⑥ 아시다 → (　　　　)

⑦ 주시다 → (　　　　)

정답 ①いらっしゃる ②召し上がる ③おっしゃる ④なさる ⑤ご覧になる ⑥ご存じだ ⑦くださる

③ [존경표현] 공식형 존경어 1

명사와 동사, 형용사의 기본형을 존경어 공식으로 활용한 것입니다.

① 명사의 공식형 존경어

명사의 공식형 존경어는 고유어 명사 앞에는 「お」를, 한자어 명사 앞에는 「ご」를 붙이는 것만으로도 상대와 관련된 것들을 높일 수 있습니다. '고유어'는 옛날부터 일본에서 사용되어 온 말로, 훈독 또는 훈독+음독으로 읽는 단어를 가리키며, '한자어'는 중국에서 들어온 것으로, 음독으로 읽는 단어를 가리킵니다. 의미는 우리말에 해당 존경어가 있는 경우에는 존경어로 해석이 되지만, 그렇지 않은 경우에는 원래 명사의 의미로 번역됩니다.

고유어 명사	名前 → お + 名前
	이름　　　성함

한자어 명사	住所 → ご + 住所
	주소　　　주소

또한 행위와 관련된 한자어의 경우, 앞에 「ご」를 붙인 후 뒤에 「になる」를 붙이면 '~하시다'라는 표현이 됩니다.

> **행위와 관련된 명사** 利用 → ご + 利用 + になる
> 이용   이용하십니다

예 お客様のお名前とご住所 손님의 성함과 주소

レジ袋はご利用になりますか。 비닐봉투는 이용하시겠습니까?

단어 レジ袋(ぶくろ)비닐봉투

PLUS

'お+고유어 명사', 'ご+한자어 명사'가 원칙이지만, 예외로 「お時間(시간)」「お元気(건강)」「お電話(전화)」「お食事(식사)」「お勉強(공부)」「お化粧(화장)」와 같이 한자어에 「お」가 붙거나, 「お返事/ご返事(답변)」「お都合/ご都合(형편)」「お会計/ご会計(계산)」와 같이 둘 다 사용하는 경우도 있습니다.

② 동사의 공식형 존경어

동사를 ます형으로 바꾼 후 앞에 「お」 뒤에 「になる」를 붙이면 됩니다. 의미는 '~하시다'입니다.

> **동사** 書く → お + 書き + になる
> 쓰다   쓰십니다

예 この本は伊藤先生がお書きになりました。

이 책은 이토 선생님이 쓰셨습니다.

단어 書(か)く 쓰다, 적다

③ 형용사의 공식형 존경어

な형용사나 い형용사 앞에 「お」나 「ご」를 붙이는 것만으로도 상대와 관련된 상태를 높일 수 있습니다. 의미는 마찬가지로 '~하시다'입니다.

な형용사	熱心^{ねっしん}だ → ご + 熱心^{ねっしん}だ
	열심이다　　　열심이시다
	立派^{りっぱ}だ → ご + 立派^{りっぱ}だ
	훌륭하다　　　훌륭하시다
い형용사	忙^{いそが}しい → お + 忙^{いそが}しい
	바쁘다　　　바쁘시다

예 ご熱心^{ねっしん}ですね。 열심이시네요.

ご立派^{りっぱ}なお宅^{たく}ですね。 훌륭하신 댁이군요.

お忙^{いそが}しいところ申^{もう}し訳^{わけ}ございません。 바쁘신 와중에 죄송합니다.

단어
お宅(たく) 댁
ところ 때
申(もう)し訳(わけ)ない 죄송하다, 변명할 여지가 없다

PLUS

기본적으로는 'お+고유어', 'ご+한자어'의 규칙을 따르지만, 역시 「ご立派^{りっぱ}だ(훌륭하시다)」와 같이 예외는 있습니다.

바로 확인하기

① (お / ご) 知^しらせ 알림

② (お / ご) 家族^{かぞく} 가족분

③ (お / ご) 美^{うつく}しい 아름다우시다

④ (お / ご) 親切^{しんせつ}だ 친절하시다

⑤ 戻^{もど}る → お(　　　　　)になる 되돌아가시다, 되돌아오시다

⑥ 参加^{さんか} → ご参加^{さんか}(　　　　) 참가하시다

단어
知(し)らせ 알림
家族(かぞく) 가족
美(うつく)しい 아름답다
親切(しんせつ)だ 친절하다
戻(もど)る 되돌아가다, 되돌아오다
参加(さんか) 참가

정답 ①お ②ご ③お ④ご ⑤戻^{もど}り ⑥になる

❹ [존경표현] 공식형 존경어 2

특정형 존경어와 공식형 존경어 1 외에도, 동작이나 행위를 높이는 공식형 존경어가 한 가지 더 있습니다. 공식형 존경어 2의 형태는 수동형과 같으며, 의미는 '~하시다'입니다.

1그룹 동사는 어미「う, く, ぐ, す, つ, ぬ, ぶ, む, る」를 각각「わ, か, が, さ, た, な, ば, ま, ら」로 바꾼 후「れる」를 붙이면 됩니다. 어미「う」는「あ」가 아닌「わ」로 바뀌는 예외 법칙도 적용됩니다.

> **1그룹 동사의 존경형** 어미 う단 → あ단 + れる

⑩ 行く → 行かれる 가시다

2그룹 동사는 어미「る」를 삭제하고「られる」로 바꿉니다.

> **2그룹 동사의 존경형** 어미 る → られる

⑩ 降りる → 降りられる 내리시다

3그룹 동사는 불규칙 동사이므로, 정해진 형태를 그대로 외우면 됩니다.

> **3그룹 동사의 존경형** 来る → 来られる
> する → される

⑩ 来る → 来られる 오시다

　する → される 아시나

'계시다', '말씀하시다', '보시다', '아시다', '주시다'의 경우는 특정형 존경어를 사용하는 경우가 대부분
으로, 공식형 존경어는 잘 사용하지 않습니다. 그 외에는 보통 양쪽 다 사용됩니다. 참고로 개인차가
있을 수는 있지만, 일반적으로 공식형 존경어 2의 형태가 나머지 특정형 존경어나 공식형 존경어 1보
다 정중도가 조금 낮다고 볼 수 있습니다.

예 今日はどちらへ行かれますか。　오늘은 어디에 가십니까?

部長は品川駅で降りられました。

부장님은 시나가와역에서 내리셨습니다.

明日、来られますか。　내일 오십니까?

参加される方は、以下の点に留意してください。

참가하시는 분은, 이하의 점에 유의해 주세요.

단어

どちら 어느 쪽, 어디
駅(えき) 역
降(お)りる 내리다
方(かた) 분
以下(いか) 이하
点(てん) 점
留意(りゅうい)する 유의하다

PLUS

보통 경어를 사용할 때는 「ここ・そこ・あそこ・どこ」의 정중한 표현인 「こちら・そちら・あちら・ど
ちら」를 함께 사용하는 경우가 많습니다.

바로 확인하기

① 読む 읽다 → (　　　　　　　　) 읽으시다

② 起きる 일어나다 → (　　　　　　　　) 일어나시다

③ 来る 오다 → (　　　　　　) 오시다

④ する 하다 → (　　　　　　) 하시다

정답 ①読まれる　②起きられる　③来られる　④される

⑤ 겸양표현

겸양어는 사용법에 따라 두 가지로 나뉩니다. 첫 번째는 말하는 사람이 상대방을 향한, 즉 상대방과 관련 있는 자신의 행위나 관련된 것 등을 낮추어 말하는 것으로, 상대방이나 대화 속에 등장하는 사람을 높이기 위해 사용하는 말입니다. 두 번째는 말하는 사람이 자신의 행위나 관련된 것 등을 그것을 듣거나 읽는 사람에게 정중하게 말하기 위해 사용하는 말로, 정중어(丁重語)라고 불리기도 합니다.

⑥ [겸양표현] 특정형 겸양어

단어 자체가 겸양어인 동사입니다.

① 특정형 겸양어 1

기본형	정중체
伺う 듣다, 여쭙다, 찾아뵙다	伺います 듣습니다, 여쭙습니다, 찾아뵙습니다
差し上げる 드리다	差し上げます 드립니다
頂く 받다, 먹다, 마시다	頂きます 받습니다, 먹습니다, 마십니다
お目に掛かる 만나 뵙다	お目に掛かります 만나 뵙습니다
拝見する 보다	拝見します 봅니다

예 明日の午後3時に伺います。　내일 오후 3시에 찾아뵙겠습니다.

お目に掛かることができて、光栄です。

만나 뵐 수 있어서 영광입니다.

단어
明日(あす) 명일, 내일
光栄(こうえい)だ 영광이다

PLUS

의미는 우리말에 해당 겸양어가 있는 경우에는 겸양어로 해석이 되지만, 그렇지 않은 경우에는 원래 동사의 의미로 번역됩니다.

① 듣다, 여쭙다, 찾아뵙다 → (　　　　　　)

② 드리다 → (　　　　　　)

③ 만나 뵙다 → (　　　　　　)

정답 ①伺う ②差し上げる ③お目にかかる

② 특정형 겸양어 2

기본형	정중체
参る	参ります
가다, 오다	갑니다, 옵니다
おる	おります
있다	있습니다
申す	申します
말씀드리다, 일컫다	말씀드립니다, 일컫습니다
致す	致します
하다, 해 드리다	합니다, 해 드립니다
存じる	存じます
알다	압니다

예 主人は今日出張で京都に参ります。

남편은 오늘 출장으로 교토에 갑니다.

私は営業部の田中太郎と申します。

저는 영업부의 다나카 타로라고 합니다.

단어
主人(しゅじん) 남편
京都(きょうと) 교토
営業部(えいぎょうぶ) 영업부

바로 확인하기

① 있다 → (　　　　　　)

② 말씀드리다, 일컫다 → (　　　　　　)

③ 하다, 해 드리다 → (　　　　　　)

정답 ①おる ②申す ③致す

❼ [겸양표현] 공식형 겸양어

명사와 동사의 기본형을 겸양어 공식으로 활용한 것입니다.

① 명사의 공식형 겸양어

존경어와 마찬가지로 고유어 명사 앞에는 「お」를, 한자어 명사 앞에는 「ご」를 붙이면 됩니다. 자신의 행위 등을 낮추고 상대방을 향한 명사들을 높이기 위해 사용하는 첫 번째 겸양어에 해당하는 공식입니다. 우리말에서는 명사의 겸양어가 잘 사용되지 않으므로, 원래 명사의 의미로 해석하면 됩니다.

고유어 명사	手紙 → お + 手紙
	편지 　　 (윗사람에게 쓰는) 편지
한자어 명사	連絡 → ご + 連絡
	연락 　　 (윗사람에게 하는) 연락

+PLUS

'お・ご+명사' 공식의 경우 존경어와 겸양어가 함께 사용되는 경우도 있습니다. 예를 들어 「お手紙」는 '(선생님께서 쓰신) 편지', 「ご連絡」는 '(손님이 해 주신) 연락'과 같이 존경어로 사용할 수도 있습니다.

또한 행위와 관련된 한자어의 경우, 앞에 「ご」를 붙인 후 뒤에 「する」를 붙이면 '~하다', '~해 드리다'라는 표현이 됩니다.

행위와 관련된 명사	紹介 → ご + 紹介 + する
	소개 　　 소개해 드리다

예 先生へのお手紙　선생님께의(선생님께 쓰는) 편지

お客様へのご連絡　손님에게의(손님에게 하는) 연락

製品のサンプルをいくつかご紹介します。

제품 샘플을 몇 가지 소개해 드리겠습니다.

단어
製品(せいひん) 제품
サンプル 샘플
いくつか 몇 가지

② 동사의 공식형 겸양어

동사를 ます형으로 바꾼 후 앞에 「お」를, 뒤에 「する」를 붙이면 됩니다. 의미는 '~하다', '~해 드리다'이며, 마찬가지로 자신의 행위 등을 낮추고 상대방을 높이기 위해 사용하는 첫 번째 겸양어에 해당하는 공식입니다.

동사　届ける → お + 届け + する

보내다　　　　보내 드리다

예 来週には必ずお届けします。　다음 주에는 반드시 보내 드리겠습니다.

단어
来週(らいしゅう) 다음 주
必(かなら)ず 반드시, 꼭

PLUS

위의 공식에 「する」 대신 「致す」를 넣어서 'ご+한자어 명사+致す', 'お+동사 ます형+致す'와 같이 사용할 수도 있습니다. 의미는 같습니다.

✏️ **바로 확인하기**

① (お / ご) 説明 (윗사람에게 하는) 설명

② 紹介 → ご紹介(　　　　　) 소개해 드리다

③ 断る → お(　　　　)する 거절하다

정답 ①ご ②する ③断り

단어
説明(せつめい) 설명
紹介(しょうかい) 소개
断(ことわ)る 거절하다

❽ 미화어

미화어는 사물이나 상태 그 자체를 아름답게 말할 때 사용하는 말입니다. 우리말로는 특별한 해석이 없는 경우가 대부분입니다. 존경어와 겸양어 공식과 마찬가지로 고유어 명사 앞에는 「お」를, 한자어 명사 앞에는 「ご」를 붙이는데, 「お元気(건강)」와 같이 예외도 있습니다.

고유어 명사

酒 → お + 酒
술

한자어 명사

祝儀 → ご + 祝儀
축의금, 축의 선물

예 どのお料理もとても美味しく頂きました。

모든 요리를 매우 맛있게 먹었습니다.

ご祝儀には新札を入れるのがマナーです。

축의금에는 새 지폐를 넣는 것이 매너입니다.

단어

どの〜も 전부, 모두
料理(りょうり) 요리
新札(しんさつ) 새 지폐, 신찰
入(い)れる 넣다
マナー 매너

➕PLUS

미화어는 「お」나 「ご」가 없어도 단독으로 사용되는 단어입니다. 「おにぎり(주먹밥)」나 「ご飯(밥)」과 같이 「お」나 「ご」를 제외하고 단독으로 사용하지 못하는 단어는 미화어가 아닙니다.

✏️ 바로 확인하기

① 声 → (   ) 목소리

② 世話 → (   ) 노력함, 보살핌

정답 ①お声 ②お世話

❾ 정녕어

정녕어는 상대에게 정중함을 나타낼 때 사용하는 말입니다. 「～です」와 「～でございます」의 의미는 모두 '~입니다'인데, 「～でございます」는 말하는 사람이 자신의 행위 등을 상대방에게 정중하게 말하기 위해 사용하는 두 번째 겸양어 정도의 정중함을 나타냅니다. 따라서 「～です」보다 조금 더 정중한 표현이라고 할 수 있습니다.

～です

~입니다

～ます

~합니다

ございます

있습니다

～でございます

~입니다

예 フロントは 2 階にございます。　프런트는 2층에 있습니다.

5 階は子供服売り場でございます。　5층은 아동복 매장입니다.

단어
フロント 프런트
～階(かい) ~층
子供服売(こどもふくう)**り場**(ば)
아동복 매장

✏️ 바로 확인하기

① 質問があります。 → 質問が(　　　　　　　　)。
질문이 있습니다.

② こちらです。 → こちら(　　　　　　　)。
이쪽입니다.

단어
質問(しつもん) 질문
こちら 이쪽

정답 ① ございます　② てございます

공식형 존경어 1	
품사	활용 방법
명사	**お + 고유어 명사** 예 名前 이름 → お名前 성함 **ご + 한자어 명사** 예 住所 주소 → ご住所 주소 **ご + 한자어 명사(행위 관련) + になる** 예 利用 이용 → ご利用になる 이용하시다
동사	**お + 동사 ます형 + になる** 예 書く 쓰다 → お書きになる 쓰시다
형용사	**お / ご + な형용사 / い형용사** 예 立派だ 훌륭하다 → ご立派だ 훌륭하시다 　 忙しい 바쁘다 → お忙しい 바쁘시다

공식형 존경어 2	
그룹	활용 방법
1그룹	**어미 う단 → あ단 + れる** 예 行く → 行かれる 가시다
2그룹	**어미 る → る + られる** 예 降りる → 降りられる 내리시다
3그룹	**불규칙 변화** 예 来る → 来られる 오시다 　 する → される 하시다

공식형 겸양어	
품사	활용 방법
명사	**お + 고유어 명사** 예 手紙 편지 → お手紙 (윗사람에게 쓰는) 편지 **ご + 한자어 명사** 예 連絡 연락 → ご連絡 (윗사람에게 하는) 연락 **ご + 한자어 명사(행위 관련) + する** 예 紹介 소개 → ご紹介する 소개해 드리다
동사	**お + 동사 ます형 + する** 예 届ける 보내다 → お届けする 보내 드리다

1 다음 빈칸에 들어갈 알맞은 말을 골라 보세요.

1) 자료는 <u>보셨</u>습니까?

資料は _____ ましたか。

① お覧にし　② ご覧に　③ ご覧し　④ ご覧になり

2) 지난번에 받은 기획서를 잘 <u>보았</u>습니다.

先日頂いた企画書を _____ ました。

① お見になり　② 拝見し　③ 見られ　④ 拝見なり

3) 진심으로 감사<u>드립</u>니다.

心より感謝 _____ ます。

① 致し　② おり　③ 頂き　④ なさい

2 보기의 단어를 이용해 문장을 완성해 보세요.

보기 読む(읽다)　預かる(맡다)　案内(안내)

1) 짐을 <u>맡아 드리겠</u>습니다.

お荷物を _____ ます。

2) 선생님이 교과서를 <u>읽으셨</u>습니다.

先生がテキストを _____ ました。

3) 순서대로 <u>안내해 드리겠</u>습니다.

順番に _____ ます。

③ ___★___ 에 들어갈 말로 1, 2, 3, 4에서 가장 알맞은 것을 골라 보세요.

1) 明日(あした) ____ __★__ ____ ____ しています。

     ① お目(め)に   ② 楽(たの)しみに   ③ かかる   ④ のを

2) こちらの ____ ____ __★__ ____ ください。

     ① 上(あ)げて   ② 花(はな)は   ③ お父様(とうさま)に   ④ 差(さ)し

3) 素敵(すてき)な ____ ____ __★__ ____ ございます。

     ① 頂(いただ)き   ② ありがとう   ③ を   ④ プレゼント

---

❶ 1)④   2)②   3)①
❷ 1)お預(あず)かりし   2)お読(よ)みになり / 読(よ)まれ   3)ご案内(あんない)し / ご案内致(あんないいた)し
❸ 1)③   2)④   3)①

MEMO